AF588992

AU DRAPEAU

Grand in-8° 5e série.

Présentez armes!.. . au drapeau!

AU DRAPEAU

PRÉSENTEZ ARMES!...

PAR SYLVA CONSUL

Ouvrage orné de gravures.

PARIS
rue des Saints-Pères, 30
J. LEFORT, IMPRIMEUR, ÉDITEUR
A. TAFFIN-LEFORT, Successeur
rue Charles de Muyssart, 24
LILLE

A mon fils Henri

et

A ses futurs Compagnons d'Armes

en souhaitant que, sans défaillance,

sous l'œil de Dieu,

ils ne s'écartent jamais du chemin de l'Honneur

et servent avec amour notre mère,

la France.

AU

DRAPEAU

PRÉSENTEZ ARMES!...

12 Novembre 1889.

Eh, mon Dieu! oui, m'y voici à cette caserne où je dois passer trois longues années. Il me semble déjà qu'il y a bien longtemps que je vous ai quittées, toi, ma très chère mère, et toi, mon ancienne grand'mémé Mariette.

Je voudrais bien que vous puissiez me voir ce soir. Oh! ce n'est plus le jeune élégant d'hier qui vous embrasserait; c'est bel et bien le soldat fier de porter l'uniforme.

Voilà donc mon adolescence finie. Me voilà homme.

C'est la première réflexion que je me suis faite en entrant à la caserne.

Tandis que je franchissais la grille, un lieutenant disait au sergent de garde :

— Envoyez-moi un homme.

Et un soldat accourut recevoir ses ordres.

Homme, soit; je le serai avec l'aide de Dieu!

Le Havre, le 13 Novembre 1889.

Bien chère Mère,

Déjà trois jours que je suis ici ! Cette fuite inexorable du temps est une des choses qui m'ont en maintes circonstances le plus stupéfié. C'est calme et fatal comme la toute-puissance. Ces minutes qui se multiplient en quelque état que nous soyons, gais ou tristes, et qui forment des heures qui fixent des jours, et cela à l'infini, sont la marque de la grande règle qui doit nous guider en toutes actions morales ou physiques.

Oui, déjà deux jours ! Que de choses j'ai à te dire, et combien mieux ferait mon affaire un quart d'heure de conversation avec toi que tout le temps dont je puis disposer pour te raconter par écrit mes premiers actes à la caserne.

Et puis, je pourrais t'embrasser, au moins.

Quoi qu'il en soit, voici en résumé les deux premières journées :

Aussitôt pris, aussitôt pendus. La vieille maxime peut s'appliquer à nous si nous voulons lui faire signifier : Aussitôt arrivés, aussitôt soldats.

J'aurais pu t'écrire le matin, mais l'après-midi a été tout entier employé à notre équipement et aux mille travaux d'emménagement.

D'abord, à une heure, on nous a fait monter à l'infirmerie, et là nous avons passé sous les yeux interrogateurs du médecin-major. C'est la contre-partie, l'appel du Conseil de révision. J'ai été déclaré suffisamment robuste pour, au cas échéant, faire bonne campagne. Tant mieux.

Ce petit exercice préparatoire une fois achevé, sous la conduite de nos caporaux, nous sommes rentrés à la chambrée. Le chef de notre escouade est un nommé Avice, qui, je ne sais encore bien pourquoi, ne me dit rien qui vaille. Il me semble un de ces innombrables paysans qui sont toujours au-dessous de leur grade.

— Allons, les bleus, en bas !

Tous, avec la résignation la plus exemplaire, nous descendons à grand bruit les trois étages qui nous séparent de la cour. On nous fait numéroter, et nous sortons de la caserne avec nos costumes extraordinairement disparates, blouse coudoyant la redingote et casquette à côté du gibus. C'est plus pittoresque qu'harmonieux. Nous faisons le tour de la caserne, et on nous donne à chacun un lit de fer que nous hissons tant bien que mal sur nos épaules. Généralement on accroche la coiffure dans un des pieds du lit, au sommet, et les pékins ne manquent pas de rire à gorge déployée en nous voyant passer dans notre assez piètre équipage.

Les pékins ! C'est avec un dédain très convaincu que nous prononçons ce mot.

Le lit une fois en place, nous allons au magasin chercher des toiles que nous emplissons de paille, puis un matelas, des couvertures, des draps et un traversin, et nous voici en demeure de dresser nos lits et de les préparer. A grands coups de balai on cherche à expulser la paille récalcitrante, et la gaieté vient se faire jour au milieu de notre petite troupe. Les anciens n'y mettent pourtant pas, pour la plupart, la moindre bonne volonté; mais bast!

Quant au reste de la journée, il ne m'en reste que l'impression d'une tempête. Je me rappelle avoir descendu, remonté, un nombre incalculable de fois l'escalier bruyant. On m'a fait dévêtir; on m'a fait enfiler un pantalon rouge, puis le quitter pour un autre. Comme une balle de mains en mains, j'ai été projeté devant un fourrier ou un caporal qui me donnait l'un des bretelles, l'autre des godillots, l'autre une veste, l'autre encore une capote. On m'enfonçait un képi et un shako sur la tête. Heureusement que mes oreilles empêchaient le shako de passer outre; mais je le sentais sur mes sourcils d'une rigidité qui n'était pas absolument plaisante.

Et en route.

— Voulez-vous avancer!

Certes je veux bien.

Nous remarchons. Un monsieur qui a un képi de sous-officier (c'est le maître d'armes, nous dit-on), commence à nous faire mettre par rangs de deux avec des mouvements d'une peu ordinaire brusquerie. On nous donne une ficelle. Il paraît que c'est précieux. Ça sert pour nettoyer le fusil qu'on nous octroie ensuite.

Mais j'abrège, un peu tardivement peut-être, et la conclusion de ces allées et venues rapides, c'est que, vers quatre heures, nous nous trouvons complètement transformés, et que le capitaine d'abord, le colonel ensuite passent la revue des jeunes soldats, qui, sac au dos, le fusil à la main, représentent déjà une partie de l'armée, prête demain, s'il le fallait, à faire son devoir et tout son devoir.

A toi, Sylva Consul.

Le Havre, 14 Novembre 1889.

Ah! par exemple, comme corvées, cela peut compter!

Corvée de charbon. — Une énorme boîte d'un poids fait exprès pour ceux qui la portent, ma parole. — Et nous voilà déambulant jusqu'auprès de Sainte-Adresse, chez l'entrepreneur. On nous verse dans chaque boîte un nombre de kilos de charbon de terre que je ne saurais apprécier, et nous voilà redescendant en ville, le bras enkylosé de fatigue, sous la bise glaciale. Oh! longue est la voie douloureuse. Sans doute, il faut du combustible pour faire cuire les aliments à la cuisine; mais sincèrement, comme ailleurs, paraît-il, ne pourrait-on pas obliger le concessionnaire à livrer à la caserne.

Corvée de banc. — Mais oui, corvée de banc.

— Consul, me dit le caporal Avice (ah çà, qu'est-ce qu'il peut bien avoir contre moi, celui-là ; il me lance toujours des regards féroces), Consul, descendez ce banc dans la cour; vous le laverez à la fontaine.

Diable!

— Avec quoi, caporal, faudra-t-il que je le lave?

— Avec votre nez, si vous voulez. Il faut qu'il soit propre quand vous le rapporterez.

Comme renseignement, c'est peu précis.

J'enlève le banc comme je puis, en l'arc-boutant contre la planche à pain, et je commence la descente; au premier étage, haletant, en nage malgré le froid, je m'arrête n'en pouvant plus.

Alors voilà un grand diable, sec comme un hareng, long... oh! long, jaune comme le pain d'épice Sigaut, qui s'arrête, me regarde, hausse un peu les épaules, et, d'une voix dure et sèche :

— Ces Parisiens, ça n'est pas capable de porter un banc.

Et, avec un geste brusque qui me fait mettre en garde :

— Gosse, donne-moi ça. Tiens, si je voulais, je t'enlèverais comme une plume, et avec ton banc encore.

— Mais je ne vous demande pas....

— Tais-toi donc. Si tu avais tapé dans la mine, comme je l'ai fait, tu serais peut-être aussi nerveux que moi. Mais voilà, tu aimes mieux un porte-plume qu'une pioche. C'est moins lourd, hein ?

Et, avant que je lui aie répondu, il prend le banc sur son épaule comme si c'était un manche à balai, et le voilà descendu en même temps que moi.

— Ne fais pas le malin, va, me dit-il une fois arrivés à la fontaine. Tu sais autre chose que je ne sais pas moi. Et puis, t'as l'air d'un enfant de chœur qui sort de la sacristie. Je m'en vais le nettoyer, ton banc, et le remonter. Toi, tu m'écriras mes lettres.

— Mais qui êtes... qui es-tu, demandai-je en me reprenant vite.

— Je suis de ton escouade, au coin de la chambrée, et je te connais bien. Toi, tu es Consul ; moi, je suis Buisset. Toi, tu es un Parisien, un peu poule mouillée, tu sors de l'école ; moi je suis du Nord, solide comme tu vois, mineur depuis cinq ans. Tu peux me taper dans la main, je suis loyal. Si tu veux, nous serons camarades.

— Tope là, dis-je avec conviction. Tu as l'air d'un brave cœur et d'un brave homme. Oui, nous serons camarades, c'est dit.

Nous nous mîmes à rincer le banc le mieux qu'il nous fut possible et Buisset, sans vouloir entendre parler que je l'aide, réinstalla sur son épaule la masse de chêne et la remonta.

Et quelle délicatesse touchante !

Arrivé près de la chambrée :

— Tiens, voilà ton banc, Consul ; rentre-le.

Le Havre, 16 Novembre 1889.

Bien chère Mère,

Il est huit heures et demie du soir. Nous sommes à l'étude. Si tu le veux bien, nous allons causer ensemble, car j'ai une envie de dormir épouvantable, et il me sera d'un grand plaisir de passer ces quelques instants avec toi.

Et d'abord, je suis sûr que tu te demandes quels sont mes sentiments sous l'habit militaire, si je suis aussi ennuyé maintenant que les premiers jours. Non, rassure-toi. Le grand chagrin des premières journées passées dans cette caserne, au milieu de ces camarades forcés et peu gracieux, pour ne pas dire plus, a disparu, et si mon cœur souffre encore quelquefois, il y a des moments où le naturel gai que tu me connais reparait, et où vraiment la vie ne me semble pas trop lourde. C'est un mélange de bons instants et de mauvais quarts d'heure. La vie n'est-elle pas toute ainsi faite, et est-ce de la faute de qui que ce soit que jusqu'ici je n'aie vu que le beau côté de tout, grâce à vous. Bref, tranquillise-toi, je commence à être soldat d'assez bon cœur. D'ailleurs, il s'est produit ici ce que, grâce à Dieu, j'ai partout éprouvé : les ours qui m'entourent semblent se civiliser un peu avec moi, ne sont pas grossiers avec le petit bleu et le respectent assez volontiers, chose rare et qui me fait bien plaisir. Sans critiquer leur conduite, ce qui serait dangereux, je ne l'approuve pas non plus, est-il besoin de te le dire, et ils me laissent bien tranquille; parfois même, ce qui est plus extraordinaire, font effort d'amabilité envers moi. Bref, il y en a qui sont bien plus malheureux que moi. Je suis tes conseils, je regarde au-dessous de moi et je me trouve relativement assez heureux.

Voilà la position en général.

Comme ennuis, la journée de vendredi m'en a apporté un assez grand nombre. Il m'a fallu, en effet, être « homme de chambre. » Cela consiste à balayer la chambrée douze fois dans la journée, nettoyer les tables, les bancs, gratter les planches à pain, porter à manger aux hommes du poste, etc. Et puis cette tâche a été encore alourdie par la jalousie d'un fameux caporal qui ne peut me souffrir. Ordinairement l'homme de chambre peut faire un tour en ville à cinq heures. J'avais promis à M. Dupuy d'aller à cette heure chercher mon linge pour le dimanche. Quand je demandai au caporal à sortir, il refusa carrément, malgré la promesse que je lui fis de me faire remplacer par un autre. Mon cœur s'irrita ; mais pas moyen de manifester son mécontentement, ce qui le double.

Le soir de ce jour, je me couchai, après avoir descendu plus de vingt-cinq fois nos trois étages, courbaturé, brisé, malade et mécontent.

Le lendemain, hier samedi, avait lieu, à neuf heures du matin, la grande revue du colonel, qui n'a lieu que tous les trois mois, et nous devions recevoir un nouveau lieutenant-colonel.

Le 18 Novembre 1889.

C'est décidément à la chambrée que les heures coulent le plus lentement. C'est là, pour nous autres bleus, que la vie paraît le plus insupportable. Nous sommes trente-deux nouveaux soldats disséminés entre les anciens qui font tout pour extirper aux malheureux arrivants, qui de l'alcool, qui un litre de vin, qui du tabac. Je sais bien qu'il n'est guère possible que nos chefs aient toujours l'œil sur nous et que ce mélange est peut-être nécessaire à la cohésion de l'armée, que bientôt ces petites brimades de l'arrivée cesseront, mais elles n'en sont pas moins bien pénibles, venant le plus souvent d'assez grossiers personnages.

Messieurs « de la classe, » comme on nomme ceux qui commencent leur dernière année de présence sous les drapeaux, Messieurs de la classe, dis-je, sont souvent remis à leur place.

Ce matin, un incident à ce sujet.

Un des malins de la chambrée, mauvais soldat de deuxième classe et pilier de prison, demande une « cigarette de tabac » à un bleu, un Parisien des faubourgs qui n'a pas froid aux yeux. Ce dernier, à qui, paraît-il, l'ancien, sans se le rappeler, avait déjà joué le même tour, ne laisse pas que de lui tendre sa blague pleine de tabac « fin. » Aussitôt notre malin tire de sa poche une énorme pipe de terre qui sert dans ces occasions-là et se met à la bourrer consciencieusement. Notre bleu se garde bien de paraître y faire attention. Il reprend le paquet de tabac et se met à rouler une cigarette. L'ancien, pendant ce temps-là, demandait du feu.

— En voilà, répond notre Parisien.

Et avec un air de bonhomie affectée qui me semblait grosse de menace, il fait claquer un tison et le tend à l'autre, qui se met en devoir de se baisser pour allumer sa pipe.

A ce moment, d'un coup de poing bien appliqué, le bleu envoie le petit baquet à tabac se briser en mille miettes au plafond. L'autre reste d'abord stupéfait, puis se fâche; mais notre Parisien, d'une voix traînarde :

— Ah! non, on ne me la fait pas deux fois la cigarette de tabac. Maintenant que ta pipe est cassée, prends ma cigarette si tu veux, la voilà.

L'ancien vit bien qu'il n'y avait rien à faire contre le bleu récalcitrant. Tout le monde avait ri de si bon cœur qu'il n'osa se rebiffer. Il accepta la cigarette, et il faut croire qu'il trouva crâne l'acte de notre Parisien, car le soir même ils trinquaient, plus peut-être qu'il n'eût fallu, à la cantine.

D'ailleurs, le tabac emmagasiné dans la pipe brisée avait disparu si rapidement qu'on n'en put trouver trace.

Malgré tout, ce sont ces heures de vie en commun, un peu en dehors de la discipline imposée par les chefs, qui pour moi constituent l'obligation la plus pénible du service. Pourtant je passe inaperçu, c'est-à-dire que je ne suis pas en butte aux tracasseries des anciens. S'il n'y avait pas un caporal Avise qui, sans raison, m'a pris en grippe et ne perd aucune occasion de me causer tracas ou peine, je n'aurais pas trop à me plaindre. Je n'ai pourtant rien fait à cet énergumène. Il faut croire que ma tête ne lui revient pas.

Enfin, c'est peut-être un mal pour un bien, car, me sachant sous une surveillance mal intentionnée, je ne laisse prise à aucun reproche et ne me promets aucune négligence.

---

19 Novembre 1889.

Je ne puis me rassasier du spectacle de la mer.

Dimanche dernier, j'ai été déjeuner chez les amis nouveaux qui montrent au petit soldat tant de réconfortante affection et lui donnent un foyer qui le change de la vie de chambrée. Nous sommes allés ensuite aux falaises de Sainte-Adresse, et j'ai pu visiter les phares qui surplombent toute la pointe de la Hève. Un vent comme on n'en connaît pas à Paris soulevait les vagues, et de loin les navires les plus gros semblaient de petits joujoux ballotés au gré des vagues furieusement gonflées. Je restai un long temps à les voir lutter contre l'ouragan pour enfin arriver à l'entrée du port. La sirène envoyait jusqu'à nous ses lugubres hurlements.

Ce fut un contraste pieux que notre station à l'église de Notre-Dame des Flots. Construite au point culminant des falaises, ornée des *ex-voto* que des marins, fidèles à leurs vœux, se sont plu à accumuler après d'inespérés sauvetages, elle semble en ce moment le seul lieu de paix que respecte la tempête qui vient se briser à son seuil. Et la sainte Madone, dans son auréole de fleurs et d'or, se dresse radieuse, comme le Refuge des voyageurs et l'Étoile de la mer.

Le Havre, 20 Novembre 1889.

Je pense avoir un peu de temps à ma disposition aujourd'hui, et j'en profiterai pour consigner mes réflexions sur mon journal et me causer à moi-même.

Oh! ce n'est pas ici la vie d'un enfant gâté que l'on mène. Et les gros désespoirs des premiers jours! Plus de mère le soir, surtout dans les longues heures sombres de l'hiver, pour vous entourer de soins et de caresses. Mais bast! on s'y fait cependant. Et puis, maman et la douce Mariette, ma vieille aïeule, n'étaient-elles pas un peu trop bonnes pour moi, et ne vaut-il pas mieux, comme apprentissage de la vie d'homme que je me destine à mener, un peu de cette rude discipline de l'armée qui vous forme un homme de la façon la plus merveilleuse? Cet uniforme, qui d'abord vous semble si disgracieux et si mal commode à la fois, comme on s'y habitue, comme on se met à l'aimer quand on le voit si bien porté aujourd'hui encore, et qu'on pense à tout l'honneur que nos ancêtres lui ont procuré.

Notre journée, la voici :

A sept heures, la sonnerie du « réveil » si gaie qu'aucun de ceux qu'elle a fait surgir rapidement des draps, ordinairement si rugueux que fournit l'entreprise des lits militaires, n'a pu un seul instant oublier. Il est vrai de dire que pour nous autres bleus, qui devons être descendus dans la cour à sept heures quinze, elle ne fait que nous indiquer le moment où il convient de mettre sac au dos. Il y a longtemps que nous sommes réveillés. Et d'abord n'y a-t-il pas l'homme de chambre qui, à la lueur vague de la lampe, est arrivé « porteur du café, » du « cahoua, » du « jus de shako, » comme on veut, et réunit autour de lui, dans le simple appareil de Beautés! que l'on vient d'arracher au sommeil, tous les défenseurs de la patrie, munis de leur quart (1), qui viennent se partager le breuvage chaud et peu odorant.

A grands bruits de godillots, nous avons descendu nos trois étages pour aller nous débarbouiller presque toujours un peu sommairement. Il y en a entre nous qui déjà se précipitent dès cette heure vers l'antre tutélaire où le cantinier vend ses breuvages.

On a ciré ses godillots, à grande recherche des brosses

(1) Tasse en fer blanc contenant environ un quart de litre.

que des camarades trop soigneux ont subtilement soustraites, et à grand renfort de frictions qui font difficilement reluire les chaussures récalcitrantes au vernis, trempées qu'elles sont encore de la boue de la veille. Vous avez aussi fait votre lit avec grand soin ; en vous disputant un peu, vous êtes parvenu à vous emparer du balai pour chasser la poussière qui s'ébat sous votre lit.

La cravate à ses tours réglementaires.

Le ceinturon serre convenablement votre capote. Votre sabre-baïonnette et votre fusil sont bien astiqués. Vous êtes prêts !

— On rappelle! on rappelle! Il est sept heures dix et le clairon fait rage.

— Allons en bas.

Les caporaux vocifèrent, les sergents se précipitent. Nous dégringolons l'escalier, et on entend bientôt l'appel. Des voix d'un ton si différent que leur choc provoque un rire, qu'on retient d'ailleurs, répondent en cadence :

— Présent! présent!

— Il ne manque personne, mon lieutenant.

Et le lieutenant se rend auprès de l'adjudant-major pour affirmer qu'il ne manque personne dans la compagnie qu'il représente.

— Par le flanc droit.

Et, clairon ou tambour en tête, on part dans le jour blafard de novembre. Nous gagnons le champ de foire ou la place de la Bourse, et la manœuvre commence, pour se terminer à neuf heures vingt.

En ce moment l'exercice n'est pas des plus divertissants. Nous exécutons l'escrime à la baïonnette. Rien n'est plus fatigant : d'aplomb et courbé sur les jambes, faire des volte-faces, lancer la baïonnette, en tête parer et pointer les coups, etc., certes cela constitue une série de mouvements qui, au bout d'une heure, vous laisse le bras rompu et les jambes parfaitement éreintées.

Mais le temps passe cependant et « l'assemblée » a sonné. Nous rentrons à la caserne. Voilà le coup de feu. On court à la cuisine chercher sa gamelle, on remonte en se heurtant, et avec combien de naufrages de soupes dans les escaliers, les trois étages qui nous séparent de notre ciel à nous. Le déjeuner vite ingurgité on nettoie son fusil, on s'essouffle à donner aux chaussures crottées une propreté convenable. La capote enfilée avec les épaulettes, le ceinturon fixé de nouveau, le schako en tête, on redescend pour l'appel de dix heures. Puis c'est l'étude pour les élèves caporaux, ou escrime au fleuret, exercice charmant sans doute, mais qui n'est pas très reposant. A midi, la gymnastique nous réclame. Nous apprenons les principes de la clownerie élémentaire ; il est bien regrettable pour beaucoup d'entre nous que les singes nos grands-pères, au dire de quelques-uns, nous aient laissé si peu de filiation, car, pour la plupart, nous sommes assez rebelles aux beautés du trapèze et de la corde à nœuds.

La théorie nous réclame à une heure. A deux heures dix on rappelle pour l'exercice. En cinq minutes il nous a fallu nous brosser, nous astiquer, nous rendre propres enfin, et être prêts à répondre sur les rangs à l'appel qui nous est fait. Deux heures de manœuvre. Puis la soupe ou le rata nous attend. Il est cinq heures, et alors, quand l'étude ne nous appelle pas à nouveau, nous autres les ambitieux, les futurs cabots, nous sommes libres... libres, à moins que nous ne soyons consignés, ou de piquet, ou préposés à la garde de la chambrée, ou commandés de toute autre corvée.

Quoi qu'il en soit, à huit heures on fait l'appel dans les chambres, puis une douce voix vous invite bienveillamment à venir éplucher les pommes de terre, exercice du service intérieur pas très pénible et assez pittoresque en somme.

Une voix ensuite se fait entendre :

— Au pieu !

Puis une autre :

— Au plumard !

Et successivement chacun s'insinue entre les draps.

Rarement jusqu'ici, je l'avoue, je n'ai entendu la si pénétrante berceuse que sonne le clairon, à dix heures, l'extinction des feux.

Eh bien, ce n'est pas la vie d'un oisif que celle-là, et c'est extraordinaire combien vite on s'y habitue. Pas de place non plus dans cette succession d'exercices et de soins actifs pour les pensées mauvaises et les perfides tentations. Et comme le soir, avant de s'endormir, on peut, quand on y pense, se rendre cette justice, qu'on n'a pas volé l'argent que nous octroie le gouvernement.

Vendredi, 23 Novembre 1889, six heures du matin.

Bien chère Mère,

23 Novembre ! Saint Clément !

Je vais passer avec toi par la pensée une partie du jour

de ta fête. Je ne répéterai pas ce que je te dis dans la lettre que tu dois avoir en ce moment, que je voudrais être près de toi. Ton cœur te le dit, et tu peux l'en croire. Malheureusement il en est de ces douces joies de la famille comme des biens de la fortune, que l'on regrette surtout dès qu'on les a perdus, et qu'on n'apprécie à leur juste valeur que quand ils se sont évanouis. Heureusement que je puis ne pas ajouter : sans retour. Dans trente-neuf jours, le 1er janvier, je pourrai t'embrasser, si du moins, aujourd'hui, cela m'est impossible.

Combien j'aurais voulu être là quand tu as reçu le bouquet que je t'ai fait envoyer hier et la lettre qui l'accompagnait. J'ai bien recommandé au père Pistouche de l'apporter chez toi à une heure, pour être le premier qui te présente mes vœux. Je ne doute pas, en effet, que Mariette n'ait oublié de me devancer.

Qu'est-il besoin de te dire que j'ai pensé à toi toute cette journée-ci ?

Je me suis dit que probablement tu aurais peu de joie, à cause de l'absence de celui qui, naturellement, devrait être là tous les ans pour ce jour-là. Moi aussi j'ai été triste : il y a des moments où l'on voudrait tuer la pensée, et où l'on reconnait la nécessité d'une eau du Lethée qui fasse perdre la mémoire, au moins momentanément.

Ah ! chère mère, c'est que vois-tu, c'est une vie bien triste que celle des premiers jours passés à la caserne : des souffrances, des ennuis, des peines, des douleurs, et cela sans grande compensation. L'ouvrier harassé du poids d'une journée de travail, retrouve le soir sa famille et ne pense plus à sa douleur. Mais les pauvres jeunes soldats : toujours seuls avec eux-mêmes, possédant en eux la crainte des punitions, souffrant des douleurs physiques et morales; ah! cela est dur, très dur, surtout pour les enfants qui ont été élevés au sein d'une famille unie, douce, chrétienne en un mot.

Aujourd'hui, il a gelé, et il nous a fallu manœuvrer en pleine place publique, manœuvrer avec un fusil dont l'acier vous glace, manœuvrer avec des mains raidies et qui se refusent à tout service, sous les menaces des sergents qu'énerve la non facilité des mouvements; manœuvrer avec les pieds qu'on ne sent plus, avec le visage violet de froid; rester cinq minutes dans une position brisante, et voir passer devant soi les bons bourgeois qui, les mains dans leurs gants fourrés, regardent et ricanent. C'est aujourd'hui que pour la première fois j'ai compris la souffrance physique.

Mais ces moments d'abattement durent peu. On nous donne des repos pendant l'exercice, et souvent, pendant ce temps, M. Dupuy vient me serrer la main et causer. Cette marque de bienveillance m'est précieuse, comme tu le sens bien.

Et puis mes notes ne baissent pas. Mes cinq premières notes de récitation sont 18, 17, 18, 17, 18. Mercredi j'ai eu 17 et aujourd'hui 18.

Ce n'est pas, crois-le bien, par vanité que je t'énumère ces petits succès, non, mais outre que je connais le plaisir que cette nouvelle te causera, je suis heureux de te faire partager la même reconnaissance que j'éprouve envers Dieu. Il ne m'a pas abandonné dans ces jours difficiles et couronne les efforts que je fais pour accomplir au mieux les devoirs qui me sont imposés, quelque pénibles qu'ils soient. Et puis c'est surtout en ce moment que je m'adresse avec la confiance que je lui ai toujours communiquée, à la Vierge Marie.

Un bon *Sub tuum* avant un exercice et je me sens plus tranquille. Comme aussi ce n'est plus la prière que l'on adresse parfois machinalement, dans les temps prospères ! Oh non ! C'est avec une ardeur confiante que l'invocation s'échappe du cœur, sinon des lèvres, pour s'envoler vers le Très-Haut, ou la si bonne et si puissante Consolatrice des affligés, le si précieux secours des chrétiens.

Allons, mère, encore un gros baiser à l'occasion de la Saint Clément.

Que Dieu exauce les vœux que je forme pour toi. Ce souhait est peut-être un peu entaché d'égoïsme, car je sais que c'est une nouvelle occasion pour moi de me mettre sous sa protection.

Je viens d'écrire à M. l'Aumônier du collège pour lui demander un rendez-vous. M. Dupuy m'a conseillé de me livrer à sa direction pendant le temps que je suis appelé à passer au Havre.

J'ai des heures bien tristes. Que serait-ce si je n'avais pas la prière ?

Lundi 25 Novembre 1889.

Bien chère Mère,

Je vais passer avec toi le peu de temps dont je puis disposer, car nos études ne nous laissent que peu d'instants libres. Samedi a été le jour des corvées, et je t'assure que j'en ai bien fait ma part. Le soir, à cinq heures, j'ai pu sortir jusqu'à huit heures. Je suis allé à la jetée. Ah! chère mère, j'ai certainement passé là la plus belle soirée qu'il m'ait été donné de traverser depuis longtemps. J'étais seul sur cette langue de terre que la mer entoure de chaque côté. Les officiers du port étaient rentrés chez eux, et préféraient au spectacle de cette belle soirée les commodités d'un bon feu et les joies de la tranquillité. J'étais donc seul, au pied du phare qui envoyait sa lumière étincelante sur les flots tumultueux d'une mer agitée. Je semblais être en ce lieu le génie de la tempête. Les vagues montaient toujours et le vent impétueux les soulevait jusqu'à des hauteurs extraordinaires, avec un bruit sinistre qui faisait frissonner la pauvre créature perdue dans cette immensité et qui paraissait bien faible et bien petite au milieu de ces gouffres humides. C'était un spectacle sublime que je n'oublierai jamais.

Le dimanche, je suis sorti à dix heures avec la permission de minuit. J'ai pris devant la porte de la caserne le tramways qui va jusqu'à Saint-Vincent-de-Paul, où je fus entendre la grand'messe. Je revins ensuite chez M. Dupuy déjeuner. Là je trouvai une lettre de M. l'Aumônier me donnant rendez-vous. Nous y fûmes tous les deux, M. Dupuy et moi. Sa réception fut on ne peut plus cordiale. J'irai certes souvent me jeter à ses pieds, dans les heures tristes et découragées que je prévois encore.

La soirée passée en compagnie de la famille Debas, dans l'amitié de Julien, a terminé une journée de doux repos pour le corps et pour l'âme.

Le Havre, 29 Novembre 1889.

Bien chère Mère,

J'ai certainement passé une des meilleures journées qu'il soit possible de traverser dimanche dernier. J'ai, après avoir entendu la messe, été dîner chez M. Dupuy, avec qui, ayant visité l'aumônier, nous sommes allés voir les bassins, comme je te le disais. Rien n'est véritablement plus beau que cette vue. Une véritable forêt de mâts! Il y en a des milliers; on les voit de notre caserne, de ma chambrée, et cette vue me réjouit le cœur. Quand j'ai un peu de temps, je me mets à la fenêtre et laisse errer mes regards sur cette quantité incroyable de mâts et sur la mer qui les porte. Cette vue m'attriste parfois, car le cœur de l'homme est ainsi fait, que ce qui le réjouit à un moment lui inspire à d'autres instants des pensées lugubres. J'ai appris bien des choses avec M. Dupuy, dans cette promenade de dimanche.

Et puis combien agréablement j'ai fini la journée. Dans cette bonne famille, avec ce brave M. Bide, si simple et si cordial, avec sa dame, plus empesée, mais si bonne aussi, et enfin dans l'amitié d'Ernest, qui est charmant. J'ai, pendant ces heures-là, oublié ma misérable situation, et goûté le bonheur le plus grand et le plus cordial. Franchement, chère Mère, si, comme je le crois, tu as de la reconnaissance pour ceux qui me font du bien, tu en auras pour Messieurs Dupuis et la famille Bide.

— C'est ici, sans façon, me disent-ils aussi bien les uns que les autres. Usez-en comme chez vous.

— Vous êtes le fils de la maison, me dit M. Dupuy.

— Vous êtes ici en famille, me dit M. Bide.

Ah! j'ai vraiment du bonheur d'avoir trouvé des gens aussi bons. Que ferais-je s'il me fallait être seul ici, au Havre? Ma vie serait bien maussade, bien plus encore qu'elle ne l'est. Enfin, attendons l'avenir avec confiance en Dieu et espérance en Lui. Certes, je puis dire que, jusqu'à ce jour, il ne m'a pas abandonné un seul instant, et je m'étonne d'une chose que je dois cependant affirmer hautement, c'est que la prière que j'adresse, avant tout exercice, à la Sainte Vierge, a toujours été exaucée. Je n'ai pas encore été puni, suis assez bien vu, sais toujours bien mes leçons, n'ai aucun ennui, ou les vois se dissiper dès qu'ils se produisent. Je l'en remercie, sans oser me vanter de cette protection que je crains de me voir enlever d'un instant à l'autre. Priez de votre côté : qui sait si ce n'est surtout à vos prières que je dois ces faveurs?

Je te parlais tout à l'heure de ces petits ennuis qui se

dissipent dès qu'ils paraissent. En voici les principaux :

Il y a aujourd'hui mercredi huit jours, je fus me faire raser au perruquier de la compagnie; j'y laïssai mon képi. Grand émoi. Je cherchai mon képi partout. Au bout d'une heure de désespoir, la pensée me vint que j'avais bien pu le laisser au perruquier. J'y vais et je rentre en possession de mon bienheureux képi.

Vendredi dernier, nouvelles terreurs. Tu sais ou ne sais pas que nous faisons l'exercice en ville, et non au quartier. C'est à dix minutes de la caserne, la place de la Sous-Préfecture, au milieu du public ébahi qui nous énerve. Qui, en effet, pourrait supporter, quand on reçoit la pluie battante, voir les bons bourgeois nous admirer à l'abri de leur parapluie; ou quand on gèle et ne peut plus tenir ses armes avec les mains raidies de froid, apercevoir le visage béatement curieux des paisibles habitants du Havre, bien encapuchonnés et emmitouflés, qui sourient sous leurs bésicles. Bref, vendredi, en arrivant à la place de la Sous-Préfecture, je constate avec terreur que j'avais oublié d'emporter, avec mon ceinturon, les deux cartouchières qui ne doivent jamais nous quitter pendant l'exercice. Comment faire? La veille, pour le même fait, un de mes collègues avait attrapé deux jours de consigne. Les uns me conseillaient d'aller le dire de moi-même au sergent; les autres d'attendre qu'il s'en aperçût, disant que peut-être il ne le remarquerait pas. Je penchai pour le premier avis, et bien m'en prit, car le sergent ne dit rien et je ne fus pas puni.

Mais la grande émotion m'atteignit dimanche dernier. Le matin, je descends, pour me débarbouiller, dans la cour. Je retire ma veste et quand je m'en vais, je m'aperçois que je n'ai plus de veste. Que faire? Je vais trouver le sergent-major qui prévient l'adjudant, etc., etc. Bref, on fait appeler les caporaux pour faire des recherches. A dix heures, ma veste n'était pas encore retrouvée. Enfin, le lendemain matin, on me rendit ce bienheureux et désiré vêtement. Heureusement, car j'eusse pu avoir de graves ennuis, si je ne l'avais pas retrouvé.

Dimanche, le capitaine nous passa en revue. Il m'arriva un incident. Mon sac avait les courroies trop serrées, de façon que je ne pouvais plus respirer, et je fus obligé de sortir des rangs, car je me sentais défaillir.

A dix heures du matin, nous sortîmes. J'étais muni d'une permission. Nous allâmes (nous étions quatre) voir d'abord la mer sur la jetée, où nous assistâmes à l'arrivée de *la France*, magnifique transatlantique venant de New-York. De là, nous allâmes à notre partie de plaisir. Nous prîmes le tramway qui nous conduisit à Sainte-Adresse, le Saint-Cloud du Havre. Te donner une idée de Sainte-Adresse est chose impossible. C'est une colline dont le pied baigne dans la mer, et qui est parsemée de jolis chalets et de splendides villas, à côté de chaumières couvertes de lierre. En été, il y a en cet endroit joyeuse compagnie : c'est le rendez-vous du *higt-life* parisien. Au sommet de la colline est une chapelle, vue de fort loin : Notre-Dame des Flots, dont je t'ai parlé, où les marins vont en pèlerinage avant de quitter la patrie pour aller tenter des mers inconnues ou des voyages pleins de périls. Au pied de la chapelle, une pyramide appelée le *Pain de sucre* à cause de sa forme, monument funéraire élevé par la veuve d'un amiral mort dans un naufrage. Il est affreux comme forme et tout blanc; mais il paraît qu'il est très utile, car on l'aperçoit de fort loin en mer. A côté de la chapelle, dominant l'immensité, est un restaurant ou parc d'huîtres. C'est là que nous déjeunâmes, ayant devant nous le spectacle de la marée, et ne voyant, aussi loin que nos yeux pouvaient percer, que les vagues secouant les bateaux pêcheurs et les gros vaisseaux qui profitaient de l'heure propice pour entrer au port. Le fond du paysage était formé par un nuage rouge qui était superbe.

---

11 Décembre 1889.

Bien chère Mère,

Que n'ai-je la plume d'un La Bruyère pour tracer les portraits des chefs à qui j'ai affaire chaque jour. Il y aurait certes une série de caractères à dessiner qui ne manquerait ni de charme ni d'intérêt. Je vais essayer de te donner une idée de la physionomie et de l'attitude de ceux que nous voyons le plus souvent.

A tout seigneur tout honneur.

Voici Monsieur le capitaine de La Mardelle.

Il est juste, le capitaine; c'est tout ce qu'on peut en dire. Quel pince sans rire, en effet ! On ne se souvient pas de l'avoir jamais vu se dérider. Quand il vous parle, il se sert d'un style télégraphiquement laconique qui n'est pas sans vous impressionner. Au surplus, veux-tu la sténographie d'une conversation avec lui? La voici :

— Mon capitaine, je voudrais bien une permission de....

Et, dans la position du soldat sans armes, les petits doigts sur les coutures du pantalon et la main ouverte, vous attendez.

De la droite, le capitaine retire la cigarette qui semble vissée à sa bouche :

— Comment vous nommez-vous ?

— Consul, mon capitaine.

Et vous y allez encore d'un salut militaire dans les règles.

Lentement, le capitaine, qui ne vous a pas regardé d'ailleurs, tire un petit carnet de sa poche. Le classement de chaque semaine y est porté. Du doigt il suit les lignes. Quand il est arrivé à votre nom, il voit le rang que vous avez obtenu, et, seulement alors, il vous darde son regard indécis de myope, et :

— Vous ? oui.

Ou bien :

— Vous ? non.

Dans le cas de l'affirmative, il ajoute alors :

— Avez-vous un billet ?

Oh ! le billet tout préparé et bien libellé, n'allez pas l'oublier, petit soldat qui souhaitez le soir passer quelques heures près de vos parents ; sans cela, comme on dit dans le métier militaire, il n'y a rien de fait.

Mais chacun est prévenu et le bienheureux papier est toujours prêt à tout hasard. Vous le tendez au capitaine, qui tire de sa poche un invraisemblable crayon de charpentier, et signe sans mot dire :

Au surplus, nous avons bien rarement affaire au capi-

L'appel dans les chambres (page 22.)

taine. C'est M. le lieutenant de la Ville-Rosay qui, le plus souvent, commande la compagnie.

Il est sévère aussi, le lieutenant, mais combien accessible à la pitié ! On le dit excessivement versé en toutes matières de balistique. Les heures que ses camarades passent au cercle, c'est à la bibliothèque qu'il les dépense. Le colonel fait de lui le plus grand cas. De haute taille, bien campé, il semble un de ces combattants des croisades dont la gravure nous a reproduit l'aspect. Il n'est jamais en retard à l'heure de l'appel des hommes; en toutes circonstances il est bon, « il est pieux, » comme dit Kersecq.

Oui, pieux, miséricordieux, bon, car comme c'est bien la traduction du *Pius* latin. *Pie, Jesu Domine*, dit-on dans la prose *Dies iræ*. Miséricordieux Jésus !

Et quelle âme de poète dans ce soldat ! Avec quel amour, sur les routes quelquefois, dans les exercices du service en campagne toujours, il cueille les violettes, les fleurs des champs, si banales qu'elles paraissent ! Je suis allé une fois chez lui : quels jolis bouquets il confectionne, pour orner sa chambre, avec toutes ces petites fleurs abandonnées !

Tous les dimanches, en grande tenue, il assiste à la grand'messe à Notre-Dame. Ne serait-ce pas là le secret de sa... miséricorde. Je ne trouve pas d'autre mot pour qualifier son attitude à notre égard.

Mais il fait froid. Un vent épouvantable souffle du large, et la sirène de la jetée lance ses lugubres hurlements. Il y a dans la chambrée un relent de harengs saurs et de biscuit trempé, qui ne rappelle que de loin les parfums d'Arabie. Des ronflements sonores se détachent sur la tenue du silence général : telles des voix sur le piano de l'orchestre. Décidément il faut dormir. Et puis, je crois que bientôt les si pénétrantes notes du clairon, sonnant l'extinction des feux, m'obligeraient à éteindre mon lumignon.

Donc à plus tard les silhouettes de nos autres chefs, et un gros baiser, au moment de dormir, comme ceux qu'en revenant du Salut, le jeudi, tout ensommeillé, je te prodiguais, à l'heure douce de ma toute prime jeunesse.

Le Havre, 17 Décembre 1889.

Chère Mère,

Je viens d'être interrogé sur la théorie et dispose d'une heure que je vais passer avec toi. Comme à l'habitude, j'ai eu 18 sur 20. C'était le sergent Verdier qui nous interrogeait aujourd'hui. (Dieu sait ce que peut vous réserver de surprises les questions du sergent Verdier !)

Mais, j'y pense, je t'avais promis les silhouettes de mes chefs. Et ce sont mes chefs, ces trois sous-officiers sous la férule desquels je tremble chaque jour.

J'ai parlé du sergent Verdier et de ses interrogations.

Avant d'arriver au régiment, Verdier était un brave plongeur de vaisselle dans un petit restaurant du faubourg Saint-Denis. Fils de petits cultivateurs, piqué du désir de se parisianer, à l'air pur des champs il avait préféré les relents d'une cuisine de gargotte à la ville.

Oh ! d'ailleurs, le physique était bien celui de l'emploi.

Un front bas, des yeux en trous de vrille, des pommettes

saillantes, des cheveux désespérément raides, voilà le sergent Verdier.

N'empêche que le sergent Verdier est un excellent sous-officier.

A cheval sur la discipline, sans jamais une défaillance dans le service, dur comme un bâton et juste à sa manière, propre comme un sou neuf, soumis à ses chefs et inspirant à ses inférieurs une crainte salutaire, il est bien noté et jouit (avec quelle morgue) de l'estime un peu narquoise des officiers.

Maintenant par quelle série de circonstances cet ignare, cet invraisemblable ignare, a été préposé aux interrogations des futurs sous-officiers, de ceux qui composent ce qu'on appelle *le peloton d'instruction?* Je ne sais. Il pontifie; et comme sous cette enveloppe frustre on sent un vrai soldat, on n'ose pas trop en rire.

Et pourtant!... Mais vois d'ici la scène.

Nous sommes dix qui attendons à la porte de la chambre où trône le sergent.

Avec respect, à tour de rôle, on entre, un peu impressionné malgré tout.

Assis derrière une table, voilà le sergent, le petit livre bleu à la main.

— Ah! c'est vous, Consul?

. . . .

Il prend l'*École du soldat*. Il me sait d'ailleurs bon élève et connaît l'opinion du capitaine à mon égard. Son œil s'illumine; il a trouvé une question à poser.

Ne vient-il pas de lire, en effet, aux toutes premières pages du petit opuscule :

— Le colonel tient la main à ce que....

Et, d'une voix de fausset réjouissante :

— Qu'est-ce que le colonel tient dans sa main? demande-t-il.

Je ne m'intimide pas, et, réprimant un vague sourire, je réponds à sa plus grande satisfaction.

— Très bien !

Il est pressé d'en finir le sergent Verdier ; aussi il saisit le *Service intérieur*, autre petit bouquin bleu dont il faut connaître l'esprit sinon la lettre. Il se gratte un peu le front. Si Consul était en défaut pourtant!

Seigneur ! qu'a-t-il bien pu trouver comme question nouvelle ?

Il vient de lire au paragraphe des devoirs du caporal de chambrée :

— Le caporal empêche les hommes, pendant le jour, de se coucher sur leur lit....

Et, se renversant sur le dos de sa chaise, il me demande :

— Qu'est-ce que le caporal de chambrée empêche aux hommes de faire sur leur lit?

Ma foi, j'hésite une seconde, mais je me rappelle le texte, et, avec conviction, je réponds :

— De se coucher pendant le jour.

— A la bonne heure, au moins ; en voilà un qui sait sa théorie !

Brave sergent!

---

26 Décembre 1889.

Bien chère Mère,

Venite adoremus.

Quel adorable jour et combien agréablement j'ai eu le bonheur de fêter la Noël ! Brrr ! quel froid, par exemple. Le vent qui souffle du large et balaie les rues du Havre, vous fige la moelle dans les os. Ce n'est pourtant pas le temps classique : pas de neige et un soleil resplendissant qui dore la cime des vagues qui se heurtent violemment et semblent pressées de mourir au port.

Je me suis enfui de notre palais, ce matin, dès le réveil. A cette heure, un brouillard londonnien couvrait la ville, et, à mon arrivée sur la jetée, le phare tournoyait encore ; telle une étoile dont un nuage transparent obscurcit la clarté.

Étoile ! cette impression m'amena au souvenir du *Stella matutina,* des litanies de la Sainte Vierge : Marie, Étoile du matin.

Et, tout en suivant à grands pas le trottoir alors solitaire du boulevard François Ier, je balbutiais, en les commentant par la pensée, les invocations si pleines de foi et d'amour que le chrétien adresse à la Mère de Dieu, à Celle dont on célèbre aujourd'hui la gloire infinie en même temps que la suprême allégresse.

Pendant qu'un jour blafard se levait péniblement et comme à contre-cœur, je gagnai l'église Notre-Dame. Ruisselante de l'éclat des lumières, envahie, malgré l'heure matinale, par la foule des humbles, toute embaumée de l'encens qui avait brûlé pendant la nuit près de la crèche mystique, comme échauffée de la chaleur de foi qui se dégageait de tous ces cœurs ardents, de toutes ces âmes ferventes, l'église semblait quelque splendide vestibule du paradis, où se sentait proche la présence du Maître. Comme une longue théorie, pendant que l'orgue faisait courir ses frissons sur les têtes courbées, les fidèles se pressent à la table de communion. Agenouillé près de moi, je reconnus un camarade du régiment que j'ai déjà souvent rencontré au rendez-vous du dimanche. On sentait planer sur l'assemblée le même souffle : Venez, adorons-le.

J'ai trouvé à la sortie de Notre-Dame toute une ville déjà bruyante. C'est curieux comme les enfants sont matinals le jour de Noël ! N'est-ce pas leur fête ?

Au coin de la rue d'Orléans, je tombe presque sur Julien, qui, ses deux enfants bien emmitouflés à la main, se hâte vers la maison du grand-père.

Me voilà obligé de les accompagner, « pour voir, monsieur le soldat, ce que petit Jésus a apporté. » Je me fais un peu tirer l'oreille ; il est vraiment une heure trop intime pour que j'ose me présenter. Et puis, un étranger à ces fêtes de famille ? Avec une affection qui me touche, Julien me prend par le bras et m'entraîne. Aussi me voilà bientôt autour d'un arbre tout illuminé qu'on a dressé dans la salle à manger, dont les persiennes sont closes avec soin, entendant les exclamations joyeuses des tout petits, et témoin de la non moindre joie des grands-parents et de la tante Louise. Mme Debas m'a embrassé à mon arrivée :

— Quelle est la mère qui n'embrasse pas son enfant,

aussi grand qu'il soit, ce jour-là, me dit-elle ; je vais remplacer votre maman.

Je me sens, devant tant de bonhomie, monter une bonne petite larme à l'œil; mais M. Debas, tout rajeuni au contact de ses petits-enfants, tout émotionné lui aussi, nous appelle, nous autres les hommes, à une table où brioches et vin blanc sont préparés. Et puis, j'ai beau faire, il me faut promettre d'aller passer la journée avec eux.

Et quelle délicieuse journée, comme je te le disais, ma chère mère! Sans doute je n'étais pas près de vous deux; mais la pensée que, dans quatre jours, je vous embrasserais, me faisait prendre, sans arrière-pensée, toute la joie de l'heure présente.

Je ne te raconterai pas par le menu ce que nous avons fait. Le soleil qui avait percé le brouillard nous a fait risette tout l'après-midi. Julien et Paul, après une bonne promenade à Sainte-Adresse, dont je ne puis me lasser, m'ont suivi au Salut. L'*Adeste*, accompagné par le hautbois, a été admirablement chanté par un jeune choriste. Sa voix pure et forte, sa voix d'enfant célébrant la naissance de l'Enfant divin, résonnait dans le silence profond, et toute la poésie de Noël, toute la poésie de l'enfance heureuse et insouciante se dégageait du chant joyeux de la Nativité.

Dame! La rentrée à la caserne n'a pas été bien drôle. Il y a eu des hommes ivres en assez grand nombre et quelques horions ont été échangés. Buisset paraissait un peu ému. Je lui en ai fait des reproches ce matin. Ce grand diable ne doit pas être mauvais au fond, car sur le mot de Noël, il s'est mis à m'en raconter à n'en plus finir sur la fête dans les villages de son pays de mines et aussi sur les quelques présents que le petit Jésus lui avait apportés au temps de sa prime enfance, car à huit ans, son père, éludant la loi de scolarité, lui imposait déjà un travail pénible. Est-il bien étonnant qu'à vingt et un ans de pareils hommes soient déjà vieux et tristes? Est-ce bien leur faute s'ils ont mûri trop vite?

---

4 Janvier 1892, matin.

Bien chère Mère,

Quel mélancolique voyage que ce retour au Havre, dans ce compartiment de troisième classe où la température devient bientôt glaciale. De gros nuages laissaient parfois passer un rayon de lune qui découpait pour un moment, sur le tapis de neige cristallisée, l'ombre des arbres squelétiques ou de quelques maisons sombres. Nous nous étions trouvés, à la gare, quatre camarades; mais roulant les mêmes lourdes pensées; personne n'était loquace. Les paquets, provisions maternelles et cadeaux de famille, rangés sur les banquettes, chacun de nous s'était tapi dans un coin, et les essais de conversation avaient bientôt été infructueux. Ah! quel contraste avec le départ!

Pendant la première heure qui s'écoula, je suivis par la pensée les deux chères créatures qui regagnaient, bien tristes, elles aussi, le domicile redevenu vide. Elles étaient maintenant à la Bastille à attendre la correspondance, puis elles arrivaient à la rue Monge. Lasses toutes deux, elles gravissaient l'escalier, et Miss qui entendait leurs pas plus distinctement jappait d'allégresse. La pauvre bête saute joyeusement de l'une à l'autre, et cherche sans doute une troisième personne, le petit maître, qui, en ce moment, fermait les yeux et essayait d'oublier dans le sommeil la tristesse de l'heure présente.

Le Havre, 4 Janvier 1890, soir.

— Un bleu! un bleu! Viens vite voir le bleu, Consul!

Tel est le cri qui m'accueillit à ma rentrée de congé de la mi-carême.

J'aperçus alors un visage bronzé et barbu qui émergeait à peine d'un shako beaucoup trop large et qui surmontait le corps d'un petit bonhomme tout sec, tout petit et tout chétif. Mon nouveau voisin (car c'était un de mes camarades de lit) paraissait tout ahuri de mon arrivée. Il me sembla nous revoir tous, quatre mois auparavant, et un sentiment de pitié m'envahit pour celui qui venait prendre à notre place le titre si plein de menaces de *bleu*.

— Et puis, espère, Consul, dit en goguenardant Mathieu; il parle français celui-là, à peu près comme *Marque-Mal*. C'est un Breton, et dam! si tu le comprends, tu auras de la chance, le Parisien.

— Non, mais est-il fichu, ce manqué-là.

— Ce n'est pas un garçon, pour sûr.

— Taisez-vous, hurla la voix bienveillante du caporal Avice qui revenait, furieux comme à l'ordinaire, de la corvée de pain.

Il jeta sur moi le regard aimable que je lui ai toujours connu, et, avec la force des lâches, passa la colère, que ma présence a le don d'exciter, sur le malheureux Breton.

— Qu'est-ce que vous fichez encore là, assis sur votre lit et le shako sur la tête? Vous couchez avec, on voit ça. Allons, vite, donnez-moi un coup de balai à la chambre. Et puis tâchez que ce soit propre, sans cela à la boîte.

Le petit Breton retira son shako sans mot dire, et, avec quelque chose de lamentable dans ses petits yeux d'une vivacité tempérée de douceur, il alla prendre le balai et commença de soulever un nuage de poussière qui provoqua les murmures exagérés de quelques grincheux, toujours les mêmes. Mathieu, comme une brute qu'il est, se précipita vers lui avec une telle fureur, simulée mais toujours effrayante, que le bleu fit un mouvement de recul.

— Tu veux donc nous faire priser sans tabac.

— Il est idiot, je vous dis, déclara l'intelligent caporal. Vous pouvez bien jeter de l'eau.

J'avais pendant ce temps-là quitté ma tenue et passé ma veste. Me tournant alors vers les hommes :

— Laissez-le donc tranquille, leur dis-je ; avec ça que nous étions plus malins les premiers jours.

— C'est à moi que vous parlez? dit rageusement Avice.

— Non, caporal, répondis-je avec une assurance qui m'étonne quand j'y pense maintenant. C'est à mes camarades, à ceux qui comme moi sont encore des bleus.

— A la bonne heure, grogna-t-il.

Et, en matière de péroraison, il continua :

— Tout le monde sac au dos, on va rappeler.

Le bleu, qui avait fini de balayer, se précipita vers son sac; et, sans mot dire, le grand Buisset, ce pain d'épice gigantesque, vint lui en attacher les courroies. Comme contraste, c'était réussi : ce grand type imberbe dépassant de deux têtes le petit bleu, et avec une bourrue bienfaisance l'aidant à s'équiper, en lui disant d'une voix qu'il voulait rendre grosse :

— Allons, bleu, tiens-toi. Tu es si petit que j'ai l'air d'habiller un nourrisson.

» Et puis, continua-t-il, je trouve, moi, que Consul a raison. Ce n'est pas en l'abrutissant parce qu'il est bleu, petit, et qu'il parle mal le français, qu'on lui apprendra le métier. Le premier qui l'embête aura affaire à moi.

— Vraiment, répliqua Mathieu.

Mais un bruit de tambour interrompit ce qui eût pu dégénérer en dispute, et la suite se perdit dans le brouhaha de la descente.

Ah! dame! je n'étais pas absolument remarquable à l'exercice des cadres. Heureusement que nous étions tous logés à la même enseigne. Notre lieutenant M. de X... a un peu fermé l'œil sur les imperfections.

J'ai voulu entamer, hier soir, conversation avec Kersecq, c'est le nom de notre nouveau défenseur de la patrie, mais il n'a répondu à mes questions que par des monosyllabes ou des grognements. Est-ce timidité? C'est possible. Nous verrons bien.

---

12 Janvier 1890.

Bien chère Mère,

Voilà donc déjà huit jours écoulés depuis que j'ai eu le plaisir d'aller à Paris. Comme tu l'as dit, ma dernière lettre était bien courte ; j'aimais mieux te l'envoyer telle que d'en retarder l'envoi, et j'avais si peu de temps que c'est grâce à un tour de force que je suis arrivé à t'écrire. Je vais donc, si tu le veux bien, revenir un peu sur le passé.

Et d'abord, je te dirai, bien chère Mère, que je suis vraiment content d'être allé à Paris. Cela m'a fait grand bien, et j'attendrai maintenant avec patience les vacances de Pâques. Cette seule journée passée au foyer maternel, agrémentée d'incidents comme celui de Courbevoie, m'a pleinement satisfait. Justement, peut-être à cause de la brièveté du congé, j'ai voulu que tous les instants m'apportent un plaisir du cœur, et vraiment je suis arrivé à mon but.

En vous quittant à la place de la Bastille, t'avouerai-je qu'une larme furtive a glissé sur ma joue. Quel triste effet cela eût fait de voir un défenseur de la patrie pleurer, je me trompe, larmoyer comme un simple mortel. Ce moment de faiblesse passé, j'ai repris mes sens et ma gaieté. J'ai retrouvé mes amis au chemin de fer, et nous sommes revenus ensemble. Je ne te dirai pas que le voyage du retour fut aussi gai que celui du départ, non, car tout le monde dormait. Je dormis donc, et arrivai sans m'en douter à cette ville du Havre, bien belle pour s'y promener, mais bien maussade pour ceux qui doivent y habiter la caserne. Tant il est vrai que la joie et la tristesse déteignent sur les lieux.

Arrivés au Havre à cinq heures et demie, à sept heures on nous faisait aller à l'exercice, comme si de rien n'était. Dire que nous avons manœuvré courageusement serait mentir. C'était très mou. A midi, on nous fit partir pour la cible. Ah ! par exemple, le contraste avec la journée de la veille fut par trop frappant. Nous fûmes obligés de marcher pendant deux heures, tant sur les galets qu'une mer irritée venait baigner à chaque instant que sur des chemins absolument détrempés. Nous revînmes à sept heures du soir. Tu comprends ce que fut cette marche dans l'obscurité avec de pareils chemins. Enfin cela est passé, c'est une page à ajouter à celles de deuil et d'ennuis que j'ai déjà rédigées. J'avais mis trois balles dans le noir sur six tirées. C'est un bon tir.

La semaine s'est passée assez paisiblement. Le mercredi, il y a eu marche. Ce qui m'est toujours pénible. Cependant il y eut pour moi un agrément. On m'envoya avec deux autres volontaires en flanqueurs, c'est-à-dire à 200 mètres sur les ailes de l'avant-garde, pour fouiller les fermes et reconnaître les chemins. Ce fut assez amusant. Pendant ces pérégrinations, nous entrâmes dans une ferme normande, où nous mangeâmes du beurre et du pain, et bûmes du cidre, moyennant vingt centimes chacun. Tu vois que ce ne fut pas ruineux.

Le soir, le capitaine qui avait l'habitude de nous donner congé, quand il y avait eu marche, nous déclara que nous n'avions notre permission que de quatre à six heures, et qu'à six nous devions être à l'étude. Je me rendis alors chez Mme D..., où je pris un vin chaud. Je n'avais pas encore eu l'occasion de la visiter depuis mon retour.

Samedi, j'ai pris la garde à la place du soldat qui m'avait remplacé le samedi précédent, pendant que j'étais à Paris. Samedi prochain, je serai encore de service, et cette fois pour mon tour. Voilà un peu le revers de la médaille, car la garde est vraiment une chose pénible.

Que te dirai-je sur celle-ci? Elle s'est passée comme les autres. Ma troisième garde a eu lieu de deux à quatre heures du matin. J'ai vu passer, pendant ces deux heures, *trois* personnes.

Il m'est arrivé, pendant cette faction, une chose assez impressionnante. Il pleuvait à torrents, et le vent était d'une violence telle que la plupart des becs de gaz du boulevard étaient éteints. J'étais dans ma guérite, emmitouflé dans ma capote brune et dans l'obscurité la plus complète, car les becs de gaz qui étaient devant la porte avaient été soufflés par la tempête. Dans ce silence que venait seul interrompre le sifflement du vent, tout à coup j'entendis un bruit de voix qui chantaient, sur un ton lent et grave, des paroles que je ne pus d'abord distinguer, et qui se répétèrent, toujours les mêmes, au moins pendant dix bonnes minutes. C'était fantastique au possible, et, malgré moi, ces voix confuses ou plus distinctes, selon que le vent les apportait plus ou moins, me remplissaient le cœur d'une crainte vague, au milieu de cette tempête horrible, telle que seules les villes maritimes les éprouvent. Je distinguai enfin ces paroles : *Te adoramus*, et je crus comprendre alors que ces sons venaient du couvent des Domi-

La théorie du sergent. (page 37.)

nicains, qui est pourtant situé loin de la caserne, mais bien dans la direction d'où le vent soufflait.

Le lendemain, j'allai visiter le musée du Havre, que je ne connaissais pas.

La mer est toujours furieuse. Les vagues très fortes frappent le rivage avec rage. C'était un spectacle superbe, mais qui ne cesse d'être difficile à contempler, car le vent vous coupe littéralement la figure.

Ce soir-là fut néfaste pour un soldat de notre bataillon. Ce pauvre diable rentrait à la caserne, en côtoyant les bassins qui sont de plein pied, il trébucha et tomba dans un des bassins. Quand on le retira, il était mort. Ce qui est plus étonnant dans cette histoire, c'est que sa mère lui disait dans une lettre du 5 janvier que j'ai lue ce matin : « Je sais qu'il y a beaucoup d'eau dans ce pays (c'était une » paysanne), garde-toi bien de faire des imprudences et de » t'y noyer. » Pauvre mère !

Nous avons trouvé, à notre rentrée, ce nouveau petit soldat venant de Bretagne, Kersecq, dont je me promets de te reparler. On le brutalise un peu, et notre digne caporal le traite d'imbécile quand il est dans ses accès de politesse. Pauvre petit Breton !

Le Havre, 15 Janvier 189[illegible].

Bien chère Mère,

Eh mais ! eh mais ! il ne paraît pas si Breton que ça, Kersecq. Nous avons eu l'occasion hier de causer longuement, je te dirai prochainement à propos de quelle rencontre je lui dois une agréable heure. On serait étonné de ce qu'il y a d'au delà dans ces âmes simples et naïves.

Il est vrai que maintenant on comprend ce qu'il veut dire. Il est étrange que certains idiomes de contrées conquises soient restés si vivaces qu'on n'ait pu encore les effacer complètement. Il est vrai que la vieille Armorique se défend bien. Les chemins de fer l'ont bien entamée dans ses mœurs et ses coutumes, mais il en reste plus là que partout ailleurs. Notre Kersecq est du Finistère. Pauvre gars, on ne le ménage pas, et malgré la protection effective de Buisset, sourde de quelques autres, et l'indifférence du plus grand nombre, il y a encore, Avice et Mathieu en tête, un petit troupeau de méchants bonshommes qui trouvent malin de le bousculer à chaque occasion. Et dire que ni les sergents, ni les officiers ne s'en doutent. Ce pauvre Kersecq est pourtant aussi bon soldat qu'il peut l'être.

Mais il lui arrive souvent de ne pas bien saisir les commandements, et Avice ne manque pas de le terroriser quand il lui arrive de mettre l'arme sur l'épaule gauche quand monsieur le caporal a, de sa petite voix flûtée, commandé : Portez... armes ! ! !

Le Havre, 18 Janvier 1890.

Bien chère Mère,

Je te disais dans ma dernière lettre que j'avais passé une heure en conversation avec mon nouveau camarade de lit. Conversation intéressante, certes.

C'était dimanche dernier, j'étais allé à l'église Notre-Dame entendre la grand'messe. A la sortie, j'aperçois dans le coin le plus sombre du baptistère une masse que d'abord je ne distingue pas bien. Je m'approche, et c'est mon Kersecq que je vois plongé dans la plus profonde méditation. Je me gardai bien d'interrompre sa pieuse rêverie; mais j'attendis devant la porte du temple, et à sa sortie liai conversation avec lui. J'avais deux heures à moi avant que d'aller rendre visite aux L...; aussi lui proposai-je d'aller faire une promenade jusqu'à Sainte-Adresse. Il faisait d'ailleurs un temps si engageant, qu'après un moment de courte hésitation il accepta de m'accompagner.

Mon Dieu ! que ce pauvre Breton s'exprime donc difficilement. J'eus vraiment toutes les peines du monde à le comprendre. Pour ne pas l'intimider, je me gardai de paraître ne pas bien saisir ce qu'il me disait. D'abord très réservé, il se mit bientôt à m'entretenir avec confiance; aussi, arrivé près des phares, de ce sommet où l'estuaire de la Seine se découvre si admirablement, je l'amenai sans peine, une fois assis près de lui, à me parler de lui, de sa famille, de son pays.

C'est une histoire bien touchante et bien triste qu'il me raconta, et plus d'une fois, pendant que sa voix prenait des inflexions lamentables, je sentis les larmes me monter aux yeux. Ah ! ce pauvre petit être n'a pas été heureux jusqu'ici, et c'est pour cela, disait-il avec une douce résignation, que les misères de la caserne ne *mé maleureusent* pas trop.

Aîné de quatre enfants, il a toujours été chétif et petit, et à cause de cela n'a jamais attiré beaucoup l'affection des siens. Son père, rude pêcheur du Finistère, avait presque honte de cet enfant qui ne pouvait, à l'âge où ses camarades commençaient à aider leur père, ne lui être d'aucune efficace utilité. Et puis, un frère moins âgé que lui de quatre ans, magnifique et fort gars, celui-là avait pris sa place dans la famille. Le père mort à la mer, il n'avait pu que pleurer des larmes brûlantes, tout en comprenant qu'il lui fallait subir l'autorité de celui qui seul pouvait remplacer l'absent. Ce n'est pas que notre Kersecq était dénué de forces, non ; il pouvait aussi bien qu'un autre faire un bon pêcheur ; mais voilà, on s'était habitué à le regarder comme un faible, par contraste surtout avec son frère ; et d'après ce que je vois, il devait être dans son pays un peu la risée de tous ceux qui l'entouraient.

Voilà mon bonhomme qui tire au sort et est ajourné pour défaut de taille. On lui recommande bien de se représenter l'an suivant, à l'époque qui sera indiquée, « sans cela, lui dit-on, on vous enverrait tout de même au régiment. » Alors une idée s'ancre dans cette tête de buis. Il continue à faire ses filets, à travailler à la charpente des bâteaux de pêche, et l'année suivante il se garde bien de se présenter au Conseil de révision. Comme on l'en avait menacé, voilà mon Kersecq incorporé.

— Et, conclut-il dans son langage pénible, de cette façon mon frère ne partira pas, et les petits, là-bas, ne manqueront de rien.

— Mais quel âge a donc votre frère ? lui demandai-je.

— Dix-huit ans.

— Et vous serez libre dans deux ans. Votre frère n'aura pas encore tiré au sort ; donc vous ne pourrez l'exempter.

— Si, en rengageant.

Pauvre Kersecq. Il ne se doute pas qu'on ne rengage pas comme cela et qu'il ne suffit pas de vouloir rester dans les rangs de l'armée pour qu'on vous y conserve. Je l'ai regardé tout ému, et devant cette foi qui le rend heureux au milieu des misères qu'il subit, je me suis tû, ne me sentant pas la force de détruire cette croyance. Il sera bien assez tôt, qu'il sache combien il se leurre.

Cette triste histoire m'a hanté tout le reste de la journée. Le pauvre petit gars m'est devenu bien plus sympathique, et je ne manquerai pas, sans révéler les confidences du bleu, d'intéresser encore plus fortement à sa tranquillité le grand Buisset.

Février 1890.

HEURES DE GARDE.

On nous prévenait, samedi soir, que le lendemain nous devions monter la garde. En effet, le samedi, à dix heures, musique en tête, on défila à la garde montante, et nous élîmes domicile au corps de garde. Il faisait un froid glacial. A deux heures, je sortis du corps de garde, en capote, portant sur le dos mon sac avec sa couverture, 72 cartouches, des souliers, des brosses, etc., ayant mes cartouchières avec deux cartouches libres et le fusil surmonté de la baïonnette. Je montai la garde de deux à quatre heures à la porte de la caserne.

Garde peu intéressante. On se promène de long en large, avec ce malheureux sac qui vous éreinte et le fusil qui vous glace les doigts. La consigne, la voici : empêcher le monde de stationner aux abords de la caserne, arrêter les chiens qui veulent entrer au quartier, ne laisser entrer personne qui n'ait parlé au sergent de garde, rendre les honneurs aux officiers entrant et sortant. Les deux heures paraissent deux siècles : quelques alertes. Pieds et mains gelés, je rentre avec plaisir au corps de garde bien chauffé.

Six heures.

J'accompagne un caporal à la prison militaire, porta n une grosse lanterne. On pénètre dans ces cellules où partout l'humidité suinte et où un froid glacial vous envahit. Les prisonniers se soulèvent à notre aspect. C'est lugubre. L'un des soldats invective le caporal qui lui refuse une paillasse. Je sors avec plaisir de ce lieu sinistre. Dans une autre prison, je vois le caporal Avice qui attend là qu'on le fasse passer en jugement, et cette vue m'a serré le cœur. Je revois avec plaisir le grand bâtiment de la caserne.

Je rentre au corps de garde, où je me réchauffe. On nous apporte la soupe.

De onze heures à une heure du matin.

Je viens de relever la sentinelle qui monte la garde à la porte du colonel. On vient de me donner le mot d'ordre : « Davoust ; » et le mot de ralliement : « Dunkerque. » La neige tombe à gros flocons. Je gèle, tout en ayant revêtu la capote brune. Quel décor ! La rue triste, où pas un chat ne passe. Moi seul au pied d'une maison noire et plongée dans l'obscurité. Je me promène devant le mur d'enceinte de notre caserne, mur tout crénelé et que viennent flanquer des tourelles. C'est un vrai fort dont je suis pour le moment l'unique gardien. Mon fusil me glace les doigts raidis ; je marche à grands pas ou me blottis dans ma guérite. Et la neige tombe toujours, serrée et drue, éclairant de sa lueur blafarde tout le paysage. Les arbres du boulevard se couvrent de la blanche fleur. Une à une s'éteignent les lumières des maisons. On n'entend plus le moindre bruit ; c'est sinistre.

Alors, devant cette tourelle, au pied de ces créneaux, ma pensée s'envole et se reporte vers le passé. Je revois les créneaux de 1870, et, l'imagination aidant, il me semble entendre au loin la fusillade. Je grandis à mes propres yeux ; il me semble être la sentinelle qui va démasquer un ennemi abhorré. Des pensées de courage et de valeur me saisissent ; il me semble qu'au besoin je serais un fameux soldat, tant je hais ce qui hait la patrie et tant j'aime le drapeau aux trois couleurs.

Et voilà que pendant ce temps, pour que l'illusion soit complète, du bout du boulevard débouche une patrouille envoyée pour s'assurer que nous remplissons notre devoir. Un falot la précède. C'est lugubre. Sur cette neige épaisse qui étouffe le bruit de leurs pas, ils avancent à pas lents. Je croise la baïonnette :

— Qui vive?

— Patrouille.

— Halte-là ! Avance à l'ordre!

Le caporal vient me donner le mot d'ordre, et je lui donne le mot de ralliement.

Et la patrouille passe en silence.

Je remets mon fusil sur l'épaule, les mains raidies, la figure glacée; je reprends ma marche, plongé dans mes réflexions, rêvant au passé et à l'avenir. Les douze coups de minuit sonnent. A une heure, on vient me relever.

Quatre à six heures du matin.

Cette fois, c'est à la porte de la poudrière que je suis en faction. A vingt pas devant moi, la mer et les navires tout couverts de neige. De temps en temps on voit une lueur marcher sur les vaisseaux ; c'est un marin qui traverse le pont. A six heures moins vingt, une femme passe devant moi en traînant un enfant. Qu'est-elle ? D'où vient-elle? Les marins commencent à se remuer; les ouvriers du port foulent la neige en silence. Je souffre beaucoup du froid et du manque de sommeil.

Février 1890.

C'est un type étrange que le marchand de café qui nous suit dans toutes nos pérégrinations. La barbiche blanche qui orne son visage maigre et frais, les cheveux ras sur le chef, propre comme... nous en sortant de la caserne, il suit la colonne. Son établissement est sommaire et n'a pas demandé grande mise de fonds. Un petit chariot bien mal bâti et une cafetière en étain entourée de quelques verres et d'un nombre restreint de litres d'un alcool quelconque, voilà le magasin ambulant que traîne le vieux brave. Car c'est un vieux brave, le pseudo-cantinier. Du moins, c'est convenu. Il a fait la guerre de 1870. A quel titre ? Il ne le dit pas, mais il l'a faite.

Et les bleus d'aujourd'hui, il leur en remontrerait tant qu'il voudrait.

Il connaît toutes les manœuvres que nous ferons d'après l'époque et aussi d'après l'heure du départ et la conduite de la marche. Jamais il ne se trompe. Ne sait-il pas ses officiers commandants sur le bout du doigt, leur tactique et leur marotte, comme il dit sans respect ?

Aux haltes prévues d'avance, il voit sa boutique bien achalandée et fait de sérieux bénéfices.

Le breuvage qu'il vend sous le nom de café se débite plus qu'on ne pourrait croire.

Il n'a d'ailleurs qu'un seul mérite : Il est chaud !!!

---

18 Février 1890.

— Allons, quatre hommes pour la patrouille! n°s 7, 8, 9 et 10, debout et fusil sur l'épaule!

C'est moi qui réponds au numéro 9.

Brrr! quel vent glacial nous coupe la figure à la sortie du corps de garde! Oh! ces rafales de la mer, quand elles viennent du large et s'engouffrent dans le port du Havre!

Il tombe avec cela une espèce de neige fondue qui a vite fait de traverser la capote et ajoute au charme de notre promenade. Nous n'y voyons pas plus que dans un four, dans certaines rues proches des bassins où le gaz ne brille que de loin en loin.

Par exemple, rien n'est si pittoresque que la vue du port avec les jets de lumière électrique qui forment un jour artificiel dans cette partie de la ville où jamais ne s'arrêtent la vie et le mouvement. Cette lumière brillante, qui se reflète dans les vagues, forme un merveilleux spectacle. Il nous est donné, d'ailleurs, de le contempler longtemps, car le pont tournant qui conduit au fort Saint-Jean donne en ce moment passage aux vaisseaux et nous arrête pendant une grosse demi-heure. C'est très beau, mais quel temps ! Malgré tout, cette promenande nocturne me semble préférable au séjour dans le corps de garde empuanté par les émanations du charbon de terre et l'odeur du drap mouillé qui sèche au feu.

La patrouille arrive au poste ; le caporal signe au registre, et nous nous remettons en route. Cette fois, nous pressons le pas, car l'eau tombe plus abondamment et nous sommes gelés.

---

25 Février 1890.

Bien chère Mère,

J'ai, samedi matin, reçu la lettre qui m'a trouvé tout en joie, parce que je ne devais pas, ce jour-là, monter la garde, ce qui était on ne peut plus heureux, étant donné l'état de fatigue excessive dans lequel je me trouvais. Voici, en effet, quel avait été le tableau de service de la semaine passée :

Lundi, petite guerre à huit kilomètres du Havre, soit quatre lieues pour aller et revenir, et cela toujours avec le bienheureux sac bourré de cartouches.

Mardi, idem la petite guerre.

Mercredi, marche militaire, 18 kilomètres.

Jeudi, petite guerre, environ 14 kilomètres.

Vendredi, tir à la cible.

Si donc il m'avait fallu avec cela monter encore la garde

samedi, j'eusse été bon le dimanche, à rester au lit toute la journée. Le tour s'est arrêté à moi et j'en ai été enchanté, je te prie de le croire.

La marche de mercredi n'a pas été bien longue : 18 kilom., 4 lieues 1/2. Ce qui fait le plus plaisir, c'est de retrouver la musique à la rentrée dans la ville. J'ai, à cette occasion, une chance assez grande; étant de la 1re section de la 1re compagnie du 1er bataillon, je suis au premier rang derrière la musique, après nos officiers à cheval.

Nous faisons, en ce moment-ci, à cause du grand froid, la petite guerre. Cet exercice est vraiment intéressant. On forme deux camps; on se retranche dans des bois, des défilés ou des fermes; on forme des avant-postes, des sentinelles doubles, des éclaireurs. C'est l'image de la guerre. Hier, lundi, j'ai été envoyé en éclaireur. Nous nous sommes énormément amusés; courant d'un chemin à l'autre, reconnaissant les fermes, fouillant des bois, etc.

Une brave fermière nous a offert du cidre et n'a jamais voulu nous le laisser payer.

Le samedi, j'ai été de chambre, mais ne me suis pas trop ennuyé. Le soir, je suis sorti et suis allé voir M. D..., qui voulait absolument m'avoir à dîner avec lui le dimanche. Je n'ai pas accepté.

Le dimanche, il y a eu revue du colonel. Toutes ces revues sont magnifiques. La revue terminée le colonel a commandé :

— Ouvrez le ban!

Les tambours ont battu au champ.

« Officiers, sous-officiers et soldats du premier bataillon,

» Vous reconnaîtrez M. de P..., ici présent, pour votre commandant, et vous lui obéirez en tout ce qui concerne le bien du service et les règlements militaires.

» Fermez le ban! »

Le Havre, 11 Mars 1890.

Bien chère Mère,

Quelle magnifique matinée! Seul dans cette étude qu'ont désertée mes collègues pour se préparer à la revue de huit heures et demie, je jouis d'un spectacle bien beau, la résurrection du printemps. L'air, encore frais, n'est plus froid; le soleil se lève à l'horizon et empourpre les flots de la mer; le ciel est d'azur. De la fenêtre de notre étude, je vois les flots de lumière dorer la cime des mâts. Tout est beau dans ce spectacle; c'est grandiose. Avec cela, le bruit et l'animation du port : ici, des négociants qui courent à leurs affaires; là, les hâleurs, vraies figures de bagne qu'on a toujours entrevues dans un cauchemar. Les voitures se croisent en tous sens. La vie renaît, c'est le printemps.

Allons, chère mère, le temps le plus dur est sans doute passé. Peut-être souffrirons-nous davantage physiquement de la chaleur que du froid, mais au moins il y aura toujours un rayon de soleil dans notre horizon qui calmera nos ennuis et apportera dans nos cœurs sinon l'allégresse, du moins la patience.

Ces premières heures du printemps me plongent dans une admiration extraordinaire pour les grands spectacles que la mer et l'immensité nous offrent en ce moment. Vendredi dernier, nous sommes allés à la cible, sur le rivage de la mer. Il faisait un temps admirable. Et pendant que mes collègues se promenaient sur les galets, moi, rêveur guidé par les écrivains anciens, je m'assis au pied du phare et me plongeai dans la méditation de l'infini. Je regardais avec admiration ces ondes aussi tranquilles que celles d'un lac, et que le soleil faisait scintiller de mille feux semblables à des diamants. Je suivais dans leurs ébats capricieux les mouettes cherchant leur pâture dans l'onde salée, et ma pensée se perdait dans l'abîme profond de ce grand problème. Que sommes-nous, chétives créatures, par rapport à ces immensités ? Et puis, rassérénée par ce spectacle calme et paisible, par cette mer aussi tranquille qu'une rivière, l'âme se sent meilleure et remonte plus facilement vers l'Auteur souverain de toutes ces merveilles. Ah ! ces jouissances de l'esprit, de l'imagination et du cœur sont infinies. Qui ne les a pas ressenties n'a jamais éprouvé de vraies jouissances ici-bas. Il n'est pas un plaisir qui m'eût paru aussi doux que celui de rester là comme anéanti par la majesté du spectacle, laissant ma pensée errer à l'instar des flots et me repaissant de bonheur. Voilà des journées qui en font passer de bien mauvaises. Oh ! que la mer est belle !

Mais elle n'est pas seulement belle, elle est bienfaisante. Grâce à elle et à l'exercice que je me donne, je me porte excellemment bien. Je ne me ressens plus de ces défaillances mentales, ni de ces fatigues physiques. Je suis tous les jours également fort, également gai. Je crois les nerfs vaincus.

Ma première garde. (page 57.)

Je suis redevenu assez fort pour pouvoir faire sept lieues et demie. Oui, sept lieues et demie ! Mercredi notre marche a été de trente kilomètres, et en rentrant, sans forfanterie aucune, j'ai pu ressortir pour aller chez M. Bide. Pour le moment, tout va donc très bien.

Mes notes sont toujours très satisfaisantes; 17, 18, 19. Je descends rarement au-dessous de 17. Je n'ai d'ailleurs pas besoin de te les dire une par une, tu n'as qu'à voir les résultats. On ne donne une permission qu'avec la moyenne d'au moins 17, et je n'en ai pas encore manqué une seule.

Dieu me favorise bien aussi pour les punitions. Pas encore une heure de consigne. Et pourtant comme elles pleuvent ! Dans ma chambrée, sur sept, il y en a quatre à la salle de police, un consigné, et l'autre n'est pas, par suite de consigne, sorti depuis trois dimanches. Ah ! je les plains bien, et fais d'ailleurs tout mon possible (est-il besoin de le dire) pour retarder la première punition.

Le Havre, 15 Mars 1890.

Une soirée passée à la caserne procure généralement un spectacle assez pittoresque. Autour du poêle que l'on bourre de charbon de terre, les bancs s'alignent, et paresseusement les soldats jouissent d'un repos bien gagné. Les jours de pluie ou de grand froid le nombre de ceux qu'attire la ville est assez restreint; aussi la société est-elle nombreuse autour de la fonte rougie. Pas beaucoup de bruit d'ailleurs. Les uns, enragés du jeu de piquet, se retirent sur le coin d'un banc, et, à la lueur d'une bougie ou d'une chandelle achetée de leurs deniers, se livrent des combats pacifiques autant que répétés. Un autre lit et relit une lettre arrivée le matin. Tel jette prudemment un coup d'œil sur le journal qu'il n'est cependant pas permis d'introduire à la caserne, pendant que son voisin écrit une lettre qui paraît lui causer bien de la peine. Tout proche du poêle, deux camarades qui ont acheté un hareng saur en surveillent la cuisson avec amour, et empoisonnent toute la chambrée avec un entrain contre lequel personne d'ailleurs ne proteste. De temps à autre, un cri dans l'escalier, une poursuite, un gros rire.

A certains jours, on improvise des concerts, où les chants patriotiques aussi ont un grand succès. Oh! par exemple, de quelle juste irritation serait saisi le musicien, s'il entendait sa mélodie si outrageusement déformée, si impitoyablement abîmée!

Au dernier concert, sur les instances de Buisset, je me suis risqué à débiter le poème si émouvant du « Sergent, » de Paul Déroulède. L'effet fut énorme, et j'eus un succès dont eût été jaloux maint acteur. Le chant Ier excita le rire et l'approbation de tous.

— Ah! à la bonne heure, c'en était un dur à cuire celui-là!

Tous les vers portaient et inspiraient des réflexions parfois bien humoristiques.

Quand j'arrivai au passage du chant IIe :

Mais si nous revenons du feu levant la tête,
C'est qu'il faut un certain toupet pour y courir;
Et l'orgueil qu'on en garde a pour cause secrète
Non d'avoir pu tuer, mais d'avoir pu mourir.
Qu'on donne à ça le nom qu'on voudra, peu m'importe!
Amour de la patrie, ou culte du drapeau,
Ce qui rend l'homme fort est chose vraiment forte,
C'est très joli la paix!.... la guerre, c'est très beau!

Des bravos unanimes retentirent et saluèrent encore ces vers :

La balle dans le dos tue aussi bien qu'au ventre;
Pour être moins longtemps tapés, tapons plus forts.

Arrivé au chant IV°, les vers du poète produisirent une émotion profonde. Les paroles du sergent qui va mourir impressionnèrent l'auditoire de telle sorte que, chose rare, le silence était absolu.

Un frisson secoua tous les auditeurs quand j'arrivai à ce passage :

Quand tu m'enterreras, comme le temps te presse,
Fais ça tout seul, un trou; deux branches, ça suffit,
Et pas de nom, la lettre arrive sans adresse!
Mais pour que le bon Dieu n'en fasse pas trop fi,
Tu me cachèteras avec mes cinq médailles;
Il comprendra très bien que cela veut dire : urgent!
Car le bon Dieu s'appelle aussi Dieu des batailles,
Dis donc conscrit? Il va me renommer sergent.
Tu partiras, pas vrai, sitôt la chose faite,
Et tu prendras ma croix d'honneur.... tu la prendras,
Et quand dans les combats qu'on va livrer encore,
Quand dans des jours.... des jours moins désastreux qu'hier
Tu seras décoré par celui qui décore;
Promets-moi de porter ma croix, j'en serai fier!

Ce fut une stupeur qui se prolongea longtemps quand j'eus achevé de dire les quatre derniers vers :

Mais un jet de sang noir s'échappa de sa bouche ;
Un éclair traversa ses grands yeux éblouis,
Et, s'étant soulevé dans un élan farouche,
Le sergent retomba, disant : « Pour mon pays ! »

Il m'a fallu, depuis ce soir-là, redire trois fois pour les absents le même poème, et c'est vraiment un beau spectacle que celui de tous ces soldats qui vibrent à l'unisson à l'expression des sentiments si nobles et si élevés du plus pur patriotisme.

Le Havre, 18 Mars 1890.

Un vrai drame s'est passé hier au soir dans notre chambrée. Malgré sa douceur, son obéissance, son obligeance même, il y a tout un parti de garnements qui ne peuvent faire grâce à Kersecq dont ils font leur souffre-douleur. A la tête de ce parti se trouve tout naturellement le caporal Avice.

Hier soir, en rentrant, je rencontre Buisset ; nous faisons chemin ensemble.

Comme nous arrivions à notre chambre, nous entendons des cris, des vociférations, et qu'elle n'est pas notre stupeur, à notre entrée, en voyant Avice, tenant Kersecq par le cou, le jeter sur son lit et le bourrer de coups de poing.

Buisset saute sur le caporal, lui fait lâcher prise et le

secoue un peu, sans trop le brutaliser cependant. Ce grand diable était en ce moment plus jaune que nature.

On s'amasse, un sergent arrive, et voilà Avice, Kersecq et Buisset conduits à la prison.

Ce matin, Kersecq, après enquête du capitaine, a été relâché. Il est plus triste que s'il était coupable.

Buisset et Avice s'expliqueront devant le Conseil de guerre, et je viens d'être interrogé en attendant que nous ayons à déposer devant le Conseil, siégeant à Rouen.

Pauvre grand Buisset. Ah! certes, il n'est pas coupable, et cependant le voilà coffré jusqu'au jour du procès.

Il paraît que le caporal Avice avait bu. Quelles épouvantables conséquences produit le triste vice de l'ivrognerie.

Poste du Fort Saint-Jean, 20 Mars 1890.

Bien chère Mère,

C'est sûrement, par suite de dispositions toutes morales et mélancoliques, une des meilleures gardes que j'aie montées. Le soir surtout, à la tombée du jour, monté sur les fortifications qui dominent l'immensité, je goûtai un plaisir bien vif dans la contemplation des flots.

Et de fait, y a-t-il un spectacle qui plonge l'âme et le cœur de l'homme dans une rêverie plus douce que la vue de la mer, quand, le soir, à l'heure où les ténèbres, lumineuses encore, couvrent l'azur du firmament, où l'onde, reflétant les nuages, vient tranquillement battre les falaises et se briser contre elles avec ce bruit monotone qui berce. L'âme, agitée de mille soucis, rejetée de tracas en tracas pendant le jour, se repose alors, au bruit de la vague, dans cette demi-obscurité qui l'enveloppe, et remplit le cœur du sentiment de l'infini. L'âme qui croit, remercie le Créateur de lui avoir donné ces merveilles à admirer; l'âme qui doute, hésite et n'ose formuler la négation. L'obscurité cependant s'étend de plus en plus et les étoiles scintillent, tandis que les flots sont timidement éclairés par l'astre de la nuit. O poésie des soirées au bord de la mer! O jouissances idéales de l'âme enivrée de poésie, quelle voix assez puissante, assez inspirée saurait vous exprimer dans un langage digne de vous! Non, l'homme est impuissant à rendre au dehors ce que son âme ressent si bien.

Voilà ce que je pensais. Ajoute à cela le tableau fantastique de la sortie et de la rentrée, la nuit, des bateaux qui semblent des grands spectres qui glissent dans l'obscurité, le merveilleux de ces lumières qui effleurent l'onde, et dis-moi si vraiment le spectacle de tout cela ne remplit pas bien une nuit de garde.

Le lundi, à quatre heures du matin, je me réveille en sursaut, et vois, tout en me frottant les yeux, un grand type de ma chambrée, qui, debout, en chemise, la chandelle à la main, au milieu de la chambre, criait :

— Eh bien, quoi? On ne veut plus se lever ici?

Quelques têtes se soulèvent :

— Quelle heure est-il?

— Quatre heures.

On s'habille et on prépare son sac. Le sergent-major nous donne douze sous, comme pendant les manœuvres. Nous n'aurons que cela pour passer la journée. Il est juste de dire qu'on nous donne notre pain. Partir sans manger n'est pas pratique ; je descends acheter deux petits pains et une tablette, puis un peu de café.

A cinq heures, nous nous réunissons dans la cour; tous les officiers assistent à la marche, ainsi que les sapeurs, la musique, les deux médecins, les voitures d'ambulance et les cantines. On part. Comme mon sac est au magasin, j'ai dû pour aujourd'hui prendre celui d'un autre. La courroie de ce sac me coupe l'épaule. Rien ne m'est aussi pénible que de traîner cette charge. Cela me tire le dos et les fibres du cou, et me donne mal à la tête. On marche d'abord assez gaiement. Au bout d'une heure, on espère faire une pause de cinq minutes, quand on nous commande de partir en avant-garde. Nous marchons tout le temps de la pause, de façon que deux heures et demie seulement après notre départ nous nous arrêtons un instant. Et l'on marche toujours, jusqu'à neuf heures trois quarts, heure à laquelle nous arrivons à Cauville, dix-huit kilomètres du Havre. Nous y faisons la grande halte pour déjeuner. Je meurs de faim et de soif. Je parviens, au bout d'une demi-heure, à découvrir un taudis où l'on veut bien me faire cuire une omelette de deux œufs, me donner de la viande et du cidre.

A midi et demi, on se remet en route. On a bien ou mal mangé, mais on a mangé et voir même fumé ; cela va mieux. D'ailleurs, tout irait bien si le sac ne me blessait affreusement. De temps en temps on nous joue un petit air de musique quand nous passons dans un village, et tous nous reprenons un peu de gaieté. D'ailleurs, on tâche de chanter, mais cela ne prend guère. A six kilomètres du Havre, des soldats déclarent ne plus pouvoir avancer. Je n'éprouve absolument aucune fatigue, mais je ne puis plus supporter le sac. Je passe mon mouchoir sous la courroie, cela atténue un peu la douleur. Je suis sûr que je dois saigner. Le colonel vient de temps à autre et nous anime comme il peut :

— Allons, mes garçons, dit-il de sa voix bourrue, nous arrivons, un peu de vigueur. Ne faisons pas les poules mouillées.

Enfin, harassés, fourbus, il faut faire une entrée solennelle ; les journaux l'ont annoncée. Le matin, au départ, peu de curieux ; mais le soir à trois heures et demie, beaucoup de monde. On se presse sur notre passage ; nous sommes tout gris de poussière, on ne voit plus la couleur de nos vêtements.

La musique joue ses pas redoublés les plus entraînants, alternant avec les tambours et les clairons, les officiers mettent sabre à la main, les sous-officiers rectifient les alignements, les soldats le port d'arme. Tous se redressent dans leur uniforme qu'ils sont fiers de porter.

Le Havre, 24 Mars 1890.

Bien chère Mère,

A moins de faits extraordinaires, cette lettre sera la dernière avant les vacances. Je ne sais pas au juste à quelle heure j'arriverai ; si l'on peut partir à six heures cinquante du soir, mercredi 9, j'arriverai à minuit et quart. Si (et cela est le plus probable) je ne puis prendre que le train de dix heures dix, je serai chez nous, comme la dernière fois, le matin, vers cinq heures. Je ne t'écrirai donc plus avant mon arrivée, à moins d'imprévu.

Je remercie la Providence qui m'accorde ces vacances au moment même où j'en ai le plus besoin. Je sens qu'il est nécessaire de me retremper dans la vie de famille. Que la plus étroite harmonie, que l'entente la plus grande ne cesse de régner ; que je goûte sans mélange le repos de la famille et ses joies.

Rien, encore une fois, ne me paraît devoir être meilleur pour moi que de passer les jours saints et les fêtes de Pâques auprès de vous. Je veux me recueillir, vivre un peu de la vie de l'esprit.

En arrivant, je remettrai ma chambre dans l'état où je l'ai quittée, et je l'ornerai, comme par le passé, de fleurs. Je remonterai même le jet d'eau ; je veux que rien n'y manque, afin que je puisse me faire illusion, et rétrograder, laissant de côté la vie présente, pour ne plus vivre que du passé. Il me semble que je retrouverai là mes pensées, mes souhaits, mes désirs d'autrefois, que ma gaieté de jadis me reviendra, que je serai l'*enfant* des jours passés. Je retournerai à cette vieille église ; j'y suivrai les offices de cette grande semaine. Je dirai, comme autrefois, à ce bon abbé L..., les petites tempêtes du cœur et de l'esprit. Le dimanche, nous irons à la messe à Saint-Roch ; le jeudi saint, au concert spirituel. Bref, de tout, il n'y aura de changé que mon habit. Ah ! comme cet horizon me paraît brillant, comme mon cœur attend ces six jours, non plus agités comme ceux du nouvel an, mais paisibles, mais pleins du repos du cœur. Vois-tu, chère mère, je voudrais déjà être dans cette chambre où je retrouverai le calme. Chaque objet, chaque caillou de mon étagère, chaque livre de ma bibliothèque me rappellera les joies passées.

Écris-moi, je te prie, samedi, comme tu en as l'habitude, et dis-moi si mes rosiers bourgeonnent, si mes géraniums reverdissent, si le fuchsia de Mariette revient; dis-moi si mes poissons vivent, si Miss va bien, si Mariette a fait encadrer mon diplôme; dis-moi tout cela, tout, pour qu'à l'avance je vive de la vie de la maison.

Rouen, 1er Avril 1890.

Nous voici arrivés à Rouen, Mélard, Génin et moi. Demain nous aurons à déposer devant le Conseil de guerre. Nous vivons avec les soldats du 39me, à la caserne de Saint-Sever, devant laquelle se dresse la statue du Bienheureux de La Salle. Quel admirable triomphe de l'humilité jointe à l'amour sans bornes des plus petits et des plus déshérités!

Je ne te décrirai pas l'aspect de Rouen, car je n'ai fait que l'apercevoir. J'ai remarqué au passage la statue de Corneille, le père de la tragédie et aussi de la comédie. Un souvenir bien ému m'a alors ramené à mon vieux collège. Il me semblait encore entendre notre vénérable et si enthousiaste professeur de rhétorique nous déclamer avec ferveur les beaux vers de *Polyeucte* ou d'*Horace*.

Sous ce riant et chaud soleil d'avril, en montant la côte qui conduit à Bon-Secours, un souvenir de ma jeunesse studieuse reparaissait à mon souvenir, évoqué par la statue de l'Héroïsme.

Devant la chapelle de Notre-Dame, un grand espace entouré d'une grille, au centre duquel se dresse la statue de Jeanne d'Arc. Elle domine la ville où elle est morte si vaillamment. Je m'assieds aux pieds du monument, et mes regards errent vaguement sur le ruban argenté que forme la Seine. Une pieuse mélancolie me monte au cœur. Je ferme un instant les yeux et la sublime épopée de Jeanne d'Arc se déroule devant moi comme des ombres sur un écran lumineux.

Le Havre, 12 Avril 1890.

Kersecq est malade. Pauvre petit !

La toux qui l'épuisait depuis si longtemps déjà semble prendre mauvaise tournure.

Il s'obstine à ne pas vouloir aller à l'infirmerie.

Toujours le même sourire résigné, toujours la même douceur, et aussi toujours la même tristesse, son incurable tristesse quand il pense aux siens, ou qu'une lettre lui arrive ou qu'une parole lui rappelle sa Bretagne.

Ce matin, par ordre, en remplacement du caporal, je l'ai conduit au médecin-major qui l'a envoyé à l'hôpital.

Le Havre, 19 Avril 1890.

Bien chère Mère,

J'ai reçu hier matin dimanche ta première lettre. Elle m'a fait bien plaisir, et je t'en remercie, car sans elle j'eusse été, je l'avoue, non pas inquiet, mais ennuyé. J'ai reçu l'autre ce matin. Tous les détails qui y étaient consignés m'ont vivement intéressés, et je vais, avant de commencer la narration, longue certainement, de ces huit jours écoulés, répondre aux demandes que tu me poses.

Et d'abord, bien chère Mère, je te dirai que, dans cet examen passé, je me suis, comme toujours, d'ailleurs, bien étrangement trompé sur la valeur de mon examen pratique. Tant il est vrai qu'on est toujours très mauvais juge dans ses propres affaires. Bref, j'ai été le second pour la théorie pratique. Et en faisant la moyenne des deux notes réunies, je suis le troisième des élèves caporaux. Je remercie vivement la Providence qui m'a donné cette satisfaction. Je suis donc proposé au caporalat, et il peut se faire que d'ici quatre ou cinq jours on me donne les deux galons rouges aux bras et huit hommes à commander. Rien n'est encore sûr cependant. Nous sommes six proposés.

Mardi dernier, je reçus, le matin, un billet du capitaine ainsi conçu :

« Sylva Consul, élève caporal, troisième, se rendra ce soir sur le terrain de Sainte-Adresse, aux phares, et là, il dressera un plan de terrain et en prendra connaissance en vue d'un engagement et d'une attaque qu'il tentera demain sur les phares, défendus par J.... »

Il s'agissait de voir si oui ou non nous connaissions notre affaire.

Tu t'étonneras peut-être que l'on attache tant d'importance à l'éducation des caporaux et qu'on leur demande une instruction aussi étendue.

Les seuls élèves qui seront nommés caporaux ont des chances de quitter l'armée avec le grade de sous-officiers, et ils seront aussi les seuls qui, plus tard, pourront subir un examen qui leur permettra d'obtenir le grade de sous-lieutenants de réserve, puis de lieutenants et capitaines dans les rangs de l'armée territoriale.

Il faut donc que ceux qui passent caporaux puissent commander une compagnie (deux cents hommes), car il est évident qu'ils n'apprendront plus après être sortis de l'armée, et qu'ils ne sauront plus tard que ce qu'ils sauront bien maintenant.

J'allai donc à Sainte-Adresse. Je dressai le plan des falaises, en vue de l'offensive. Les phares étant au haut, je résolus, le lendemain, de me servir de tous les rochers pour attaquer, mes hommes s'y couchant et rampant, les troupes de mon adversaire devant défendre les phares.

Le jeudi à midi, je pris le commandement de quarante volontaires et soixante anciens soldats. Les officiers devaient ne pas paraître et juger de l'attaque sans rien commander. La compagnie, tambours et clairons en tête, traversa la ville, et après trois quarts d'heure, j'arrivais sur le terrain de la manœuvre. Les troupes de J.... s'étaient rendues aux phares. Je partageai ma troupe en trois parties. La première formée en ordre dispersé devait profiter dans sa marche en avant des rochers pour s'y masquer et s'abriter. La deuxième se cache en entier derrière la falaise, devait renforcer la première; la troisième devait exécuter un mouvement tournant pour tromper l'ennemi.

Chaque homme avait six cartouches à blanc. Je donne l'ordre à la troisième partie de se porter en avant. J...., trompé par cette attaque et croyant qu'elle venait toute de ce côté, riposte et dégarnit son flanc. Les première et deuxième parties, en rampant sans se faire voir, arrivent en haut de la falaise, et avant que J.... n'ait fait faire un mouvement de flanc, nous étions dans la limite victorieuse.

Je t'affirme que rien n'est aussi intéressant que ces petits combats, surtout quand on a l'avantage.

Vendredi matin en me réveillant, ma joue était gonflée d'une façon extraordinaire. J'allai à la visite du médecin, qui m'exempta d'exercices pour la journée. Je me reposai, tout en maugréant de ne pouvoir sortir le soir, comme j'en ai l'habitude.

En effet, chaque jour, à cinq heures et demie, après la soupe, quand rien ne m'oblige à rester à la caserne, je sors et vais faire un tour de jetée. En revenant, j'entre à la bibliothèque où je lis un peu, et à sept heures un quart, je vais chercher J...., avec qui nous sommes dans les meilleurs termes. Nous nous promenons jusqu'à la retraite qui est à neuf heures depuis le 15 mars.

A bientôt.

La chambrée. (page 67.)

Le Havre, 26 Avril 1890.

Je viens de l'hôpital. Quelle triste nouvelle! Kersecq est mourant. Comme une petite lampe qui n'a plus d'huile, il s'éteint terrassé par la phtisie.

Je me rappellerai toujours ses yeux qui semblent agrandis dans cette petite figure pâle.

Un rayon de soleil a lui dans le ciel azuré de son regard quand il m'a aperçu.

— Te voilà! Oh! merci! Tu vois, je ne vais pas bien.

Et, m'attirant près de lui :

— Je vais mourir, tu sais?

— Allons donc, répondis-je avec toute l'énergie que je pus mettre dans ma voix.

— Oh! cela m'est égal, va! Pourtant, j'aurais tant voulu être officier!

— Mais tu le seras, affirmai-je.

— Oh! là où je vais, je ne serai jamais digne de l'être.

Et comme je restais muet, interdit :

— Dans le ciel, continua-t-il. Car j'ai confiance, moi. J'ai trop aimé Dieu pour qu'il ne m'appelle pas à lui. Je ne suis rien, un pauvre être que personne n'a aimé, excepté mon père, toi et Buisset; mais Dieu m'aime, lui, je le sens. Aussi je suis bienheureux de mourir.

Je serrai sa main moite et décharnée, et il dut voir dans mes yeux une lueur de vraie affection, car il m'attira à lui et m'embrassa.

Alors un gros sanglot d'enfant me monta du cœur et des larmes brûlantes jaillirent de mes yeux.

De nouveau Kersecq voulut me serrer dans ses bras. Je sentis qu'il embrassait encore mes yeux humides, mais que s'est-il passé depuis, je ne me le rappelle pas bien.

Mon Dieu, prenez votre ange dans votre paradis!

---

30 Avril 1890.

Nous voici revenus du cimetière du Havre où repose Kersecq.

Un temps effroyable : pluie de neige fondue, et cela le 30 avril!

— Ceux pour l'enterrement!

— Eh! mais, c'est nous, ceux pour l'enterrement.

Buisset s'est chargé d'acheter la couronne du souvenir, et, c'est justice à lui rendre, elle est superbe.

Dans ces âmes frustes pour la plupart, il n'est pas difficile de sentir une extraordinaire tristesse; sur les faces les plus lourdement vulgaires, il y a quelque chose, un rien qui affine la physionomie et révèle l'expression.

— Qui est-ce qui portera la couronne?

Une voix brusque (oh! je la connais celle-là) répond :

— Oh! ça, il me semble que c'est moi peut-être!

C'est Buisset qui a parlé et qui, pieusement, de ses doigts inhabiles parce qu'ils sont gantés, saisit l'objet précieux.

Personne ne proteste et tout le monde la regarde, cette couronne, résultat du don si spontané de chacun; tous se félicitent de sa grandeur, de sa belle apparence.

Un, deux; un, deux. Nous marchons. Le capitaine et ses lieutenants sont là.

La mère et le frère jettent de l'eau bénite; le goupillon passe de main en main. C'est chose si grande, si majestueuse que la mort, qu'il n'y a pas un de ces hommes qui n'ait le front pensif et dans les yeux quelque lueur extraordinaire.

La neige tombe avec encore plus d'intensité, mais les shakos sont à la main, et on en voit plus d'un qui cherche à se rappeler le signe de la croix pour le tracer sur la fosse.

Buisset passe bien avant moi. Il est encore plus jaune que d'habitude. De son grand bras il trace le grand signe, en regardant le petit cercueil déjà tout blanc.

La nuit était tombée et, chose invraisemblable, en descendant au Havre, sur cette petite troupe persistait le silence du deuil. Il semblait qu'une pensée plus lourde courbait les jeunes fronts.

Et toujours la neige!

Le prêtre dit une dernière fois :

— *Requiescat in pace* (qu'il repose en paix)!

Oh! oui, repose en paix.

Le Havre, 10 Mai 1890.

BIEN CHÈRE MÈRE,

C'est dans l'état de surexcitation le plus grand que je t'écris. Je viens de terminer les épreuves de l'examen; lundi matin, je passai la première partie (orale). Je la passai très bien. On me dit même que j'étais dans les premiers et que j'avais des chances de passer caporal. Je priai cependant bien Dieu, mais il ne m'exauça pas, je le crois du moins. J'ai passé ce soir ma théorie pratique, c'est-à-dire le commandement, et je n'ai pas du tout réussi. Voilà donc mes beaux rêves anéantis, et tout en ayant une place, bonne encore, je l'espère, je ne puis espérer avoir un grade. Enfin on ne peut rien à cela.

Je t'écris à la hâte, car tu dois attendre une lettre de moi avec impatience.

Il est bien probable, que ma place va me donner une permission pour samedi et dimanche. Comment la passer? Je ne puis rester à la caserne; je n'ai pas envie d'aller à Paris, devant peut-être y retourner avant peu. Que faire? Penses-y bien, et réponds-moi vite en partant de ce point: que je ne saurais rester à la caserne, et que je ne pourrais coucher au Havre chez quelqu'un.

---

12 Mai 1890.

Bien chère Mère,

Or, comme deux de mes amis avaient idée d'aller à Trouville, je les accompagnai.

Bien m'en prit, car j'ai passé là une des meilleures journées de ma vie. Nous étions trois. Je ne te donnerai pas de nombreux détails, me réservant pour le congé que j'espère à la Pentecôte. Nous partîmes pour Trouville à une heure par le bateau. La cavalcade du lendemain fût très belle, les Havrais y vinrent en foule.

Aujourd'hui je suis fatigué, mais très content d'avoir pu faire ce voyage.

Le Havre, 25 Mai 1890.

Chère Mère,

Voici mon premier galon, et voici ma première punition. Ah! mon Dieu, oui. Ensemble on m'a donné l'un et distribué l'autre! C'est toujours la roche Tarpéienne et le Capitole.

Ce matin, on nous prévient, les élus, que le lieutenant-colonel doit nous passer en revue. Aussitôt grand branle-bas de combat, qui se traduit en ce moment par un astiquage précipité et un brossage des plus vigoureux. Buisset est si enchanté qu'il ne veut pas parler de laisser à mon camarade de lit, qui s'y était proposé, le soin de m'aider.

On rappelle. Quoi! déjà?

— Allons, crie une voix gouailleuse, en bas les futurs cabots.

Buisset m'enfile ma capote, mon voisin la boutonne et me campe mon shako en tête. L'un me serre le ceinturon, pendant que l'autre me « tire » la capote en plis réguliers et harmonieux.

Le sergent Verdier vient hâter les préparatifs.

— Dépêchez-vous, Consul. Tout le monde est déjà sur les rangs.

J'enfile mes gants, on me jette mon fusil, je dégringole et me précipite à mon rang, le second de la ligne.

Il était temps; voilà le lieutenant-colonel.

— Garde à vous! portez armes!

Le capitaine accompagne le lieutenant-colonel.

Ce dernier passe devant nous. Il nous toise des pieds à la tête. M. de la Mardelle nous présente. Le grand chef nous pose quelques questions :

— Qu'est-ce que vous faisiez avant d'arriver au corps?

— N'avez-vous pas l'intention de suivre la carrière militaire, etc., etc.

Ouf! le voilà passé.

Oui, il était passé; mais si je ne devais pas le revoir devant moi, ce jour-là, je devais entendre sa douce voix.

Dix minutes après (et Dieu sait combien c'est fatigant

d'être dix minutes au port d'armes, malgré les trucs dont on use pour alléger la fatigue) j'entends les pas du lieutenant-colonel derrière nous. Je sens qu'il s'arrête à moi.

Un coup sur l'épaule :

— Comment vous nommez-vous?

— Consul, mon colonel.

— Eh bien, vous aurez deux jours de consigne pour être descendu à l'inspection avec une capote décousue.

V'lan !

Ah ! Buisset ! Buisset ! Le manche à balai et la brosse en ont fait de belles.

— Rompez vos rangs ! Marche !

Et voilà comment, au rapport, était relatée la nomination de Consul au grade de caporal, et en même temps signifiée à mon passif une punition, la première qui m'ait été infligée.

Buisset était consterné. Quand il a appris la nouvelle, il était occupé à défaire son lit à fond, comme il dit. Pour lui c'est une grave occupation, à laquelle il ne manque pas de se livrer dès qu'il a quelques moments de loisir. Il a tempêté, et le traversin a reçu des coups de poing invraisemblables. J'ai eu toutes les peines du monde à le calmer.

— Et puis, par-dessus le marché, tu vas quitter la compagnie maintenant.

En effet, c'est l'usage de n'être pas nommé dans la compagnie où on a été jeune soldat. Mon voisin est désolé, et... moi aussi. Je n'avais pas pensé à cela.

— Consul !

C'est le sergent-major qui m'interpelle.

— Le capitaine de la Mardelle vous demande chez lui. Comme vous êtes consigné, voilà un billet pour le poste.

Je vais filer et mettre cette lettre à la poste par la même occasion.

Les Debas vont être contents, eux aussi.

Je vois Buisset qui s'empare de ma veste et de ma tunique. Je n'ai pas l'air de le voir faire, mais suis bien sûr qu'en revenant je trouverai deux galons de laine rouge sur chaque manche.

J'ai dû m'arrêter au poste de police un instant, et en profite pour ajouter quatre lignes de bavardage à ma lettre.

Au bas de l'escalier, je viens de trouver encore Buisset. Il est venu à moi un peu ému.

Je lui ai donné la main avec effusion :

— Eh bien, ça y est, Buisset?

— Oh ! je suis bien heureux, caporal.

C'est lui qui le premier m'a appelé par mon grade.

— Et bien triste aussi, continue-t-il. Tu ne vas plus être là près de moi, et à qui dirai-je mes peines? qui est-ce qui va maintenant m'écrire mes lettres ?

— Mais c'est moi aussi. Voyons, ce soir, j'irai causer avec toi. Le capitaine me demande. Ne te mets pas en peine, va.

Et je me sauve, tout secoué par cette affection si vraie et si naïve.

A demain une autre lettre de moi.

---

28 Mai.

Bravo! chère Mère, malgré la consigne qui, en m'empêchant de sortir du quartier, ne m'imposera que plus de temps pour t'écrire. Bravo! dis-je, je reste à ma compagnie, sous les ordres du capitaine de la Mardelle, qui, détaché depuis six mois pour l'instruction des cadres, reprend son service de commandant de compagnie.

Je vais donc rester près de mon ourson de Buisset et pourrai tout à loisir lui servir de secrétaire.

Comme je vais essayer de faire oublier le caporal Avice! Certes je ne ferai rien pour me venger sur Mathieu et les autres des peines que j'ai endurées à cause d'eux, ni de la mort de Kerseeq, qu'ils ont certes avancée. Ne serait-il pas le premier, s'il était là, à demander grâce pour eux, comme il l'a fait, le jour du Conseil de guerre, à l'égard de celui qui l'avait brutalisé ?

C'est de tout mon cœur que je remercie la Providence d'avoir permis que je restasse sous les ordres d'un capitaine tel que M. de la Mardelle. Avec un pareil exemple sous les yeux, comment ne pas bien remplir son devoir ?

Fleury-sur-Andelle, 3 Juin 1890.

Bien chère Mère,

Deux mots seulement : nous sommes arrivés ici dimanche à midi. On m'a présenté au général baron de Launay.

Dès lundi, j'ai commencé mon service. Veux-tu te figurer mon travail ? Voici :

Une grande chambre d'auberge au milieu de laquelle une foule de cartes, de rapports, etc. Autour de cette table : 1° le général de Launay droit comme un I rêvant sur la carte; 2° à côté, son aide de camp; 3° de l'autre côté, le capitaine d'état-major; 4° en face le général, le caporal Sylva Consul.

Le général est très aimable; il me cause souvent. Il m'a demandé ce que je faisais avant d'entrer au service et ce que je ferai après. Le capitaine d'état-major et l'aide de camp sont aussi très gentils. Je mange bien, suis bien logé; bref, matériellement, je suis très bien.

Mais que de travail ! Des ordres, des ordres; des journaux de manœuvres à rédiger; des bons de cantonnements. Que sais-je ? Ce n'est jamais fini.

Ne m'écris pas, car demain nous partons pour les Andelys. Combien y resterons-nous de temps ? Je ne sais. Le général ne le sait pas.

Combien dureront ces manœuvres ? Il est probable que dans les premiers jours de la semaine prochaine nous serons au Havre.

J'espère aller à Paris dimanche en huit.

Je vous conterai alors mes pérégrinations; au revoir.

Corps de garde du fort saint-Jean, 22 Juin 1890.

Bien chère Mère,

Je viens d'assister à deux spectacles bien différents, bien intéressants tous deux, l'un triste, l'autre gai, mais touchants l'un et l'autre. Spectacles que je ne saurais oublier, dussé-je vivre cent ans : la sortie et la rentrée d'un paquebot transatlantique.

Le poste du fort Saint-Jean est situé à vingt pas du bassin des transatlantiques. Nous voyons, vers quatre heures, le drapeau bleu et blanc se lever, et apprendre à tous les navires du port et de la rade qu'il ne leur est plus permis d'entrer ou de sortir, parce que le roi des mers va bientôt quitter le Havre.

De notre observatoire, je contemple la scène qui se déroule à mes yeux. Une foule énorme stationne sur le quai. Et quelle foule ! On se cause, on s'embrasse, on s'étreint, et pas un groupe de cette multitude ne fait attention aux personnes qui l'entourent. Que de conseils ! que de recommandations ! que de serments d'amitié ! que de reproches ! que d'aveux ! D'autres, parmi ces scènes, passent solitaires, une valise à la main : ce sont les commerçants habitués à ces voyages qui pour eux durent peu et à ces scènes qui se renouvellent souvent à leurs yeux, passent distraits et inattentifs.

Mais le drapeau vert remplace à la jetée le drapeau bleu et blanc : c'est le moment du départ. On s'arrache des bras l'un de l'autre; on fait deux pas pour partir, on revient; encore un baiser et l'on se précipite sur le vaisseau sans retourner la tête, tandis que, tout en pleurs, les parents s'enfuient de ce quai, emportant les enfants et n'ayant pas la force d'assister au départ de ces êtres qu'ils aiment et qu'ils reverront... peut-être.

Bientôt la vapeur fait retentir les airs d'un déchirement aigu, et le transatlantique « Amérique » commence son évolution. Il doit passer à nos pieds.

Nous admirons sa masse immense. Cent cinquante mètres ! On est un instant étonné du génie de l'homme qui peut non seulement construire de telles œuvres, mais les animer par la vapeur et les diriger. Tous les passagers se pressent sur le pont pour voir encore une fois la terre française.

Le vaisseau est passé. Nous montons sur les talus pour le voir s'élancer en mer. Quand il est arrivé à hauteur du phare placé sur la pointe extrême du Havre, deux coups de canon, tirés du vaisseau, saluent cette française que beaucoup de ces émigrants ne reverront peut-être jamais.

Deux coups de canon retentissent. Le drapeau bleu et blanc flotte de nouveau. Nous montons sur le talus : c'est un transatlantique, « la France », qui rentre, venant d'Amérique.

Sur celui-là comme sur l'autre, les passagers envahissent le pont, pour voir, après une longue absence, l'Europe, et dans l'Europe, leur pays : la France. Les pères portent leurs enfants dans leurs bras, leur montrant la terre natale. Quels regards curieux ils jettent sur les rives ! Quelle joie dans leurs yeux, remplis de larmes comme tout à l'heure, mais de larmes douces à verser. Quels élans d'enthousiasme !

En arrivant près du fort, au moment où ils passent près de nous, l'un d'eux a crié :

— Des soldats ! des soldats !

Et voilà que tous les regards se fixent sur nous. Pauvres gens ! Il y a peut-être longtemps qu'ils n'ont vu des culottes rouges. Un homme, qui tient en ses bras un tout petit enfant enveloppé dans un schall, en passant près de nous, crie :

— Honneur à la France !

Et il nous salue.

Nous répondons. Alors, avec un ensemble extraordinaire, un cri de « Vive la France ! » s'échappe de toutes ces poitrines, j'allais dire de tous ces cœurs.

— Vivent les soldats ! crie chacun en soulevant sa coiffure.

Les femmes agitent leurs mouchoirs. Deux d'entre elles nous saluent militairement. Nous sommes bien amies. A l'arrière, quelques personnes se tiennent tristement. Ce sont probablement des émigrés d'autres pays. En partant d'Amérique, ils étaient aussi tristes que l'étaient tout à l'heure les embarqués qui s'expatriaient, et en voyant ces visages attristés, il me semblait voir ceux de mes compatriotes qui, dans douze jours, débarqueront sur la terre étrangère. Ah ! vraiment, je ne connais aucun spectacle aussi plein d'émotion, aussi palpitant que celui du départ et de la rentrée, surtout du départ d'un transatlantique.

Trouville, Dauville, 27 Juin 1890.
Hôtel des Roches Noires.

BIEN CHÈRE MÈRE,

Je ne veux pas quitter cette magnifique plage, ni clore ces heures si douces, sans t'envoyer un mot, comme souvenir de cette charmante journée. Le général est venu, il y a trois jours, passer la revue. Arrivé devant moi, il s'est arrêté.

Et dit au colonel :

— C'est le caporal qui est venu avec moi aux manœuvres; il est très intelligent et m'a rendu bien des services.

Immédiatement le commandant m'a demandé mon nom. Somme toute, revue splendide, et, comme conséquence, permission pour aujourd'hui.

Au revoir, chère Mère; je voulais te montrer que je vous associe toutes deux à tous mes plaisirs et que votre souvenir est toujours avec moi.

1er Juillet 1890.

BIEN CHÈRE MÈRE,

Nous avions, mercredi, passé la revue du général. Hier, c'était le tour de l'intendant général qui a rang

La visite. (page 77.)

de général de division. Tous les tracas que ces revues nous ont donnés nous ont fait passer une semaine bien ennuyeuse, et ce fut avec une joie d'autant plus vive, que j'étais plus ennuyé, que vendredi, comme je te l'ai fait savoir, je suis allé à Trouville me reposer un peu la tête de tout l'ahurissement des journées précédentes. J'ai mis dans cette promenade toute l'ardeur que j'avais apportée à mes ennuis de la veille : c'est te dire que j'y ai goûté le plaisir le plus vif, l'enthousiasme le plus profond, à la vue de cette nature admirable, de cette plage sans rivale. Ce sont des journées qu'on n'oublie pas.

Cette promenade fit heureusement diversion à mes idées noires.

Le Havre, 15 Juillet 1890.

Alerte cette nuit. Nous étions tous plongés dans le premier sommeil quand le clairon nous réveille en sursaut. Les cris : « Au feu ! » se font entendre. Toute la caserne était éclairée d'une lueur intense. Nous nous précipitons d'abord aux fenêtres, et, devant le quartier, nous voyons une immense flamme s'élever vers le ciel sombre.

Nous nous hâtons de revêtir notre tenue de corvée. Déjà le piquet d'incendie part. Le clairon nous rappelle dans la cour. Une pluie battante nous cingle le visage. Bientôt on fait partir une compagnie sur le lieu du sinistre pour prêter secours aux pompiers et maintenir l'ordre. Un quart d'heure après l'alerte, quand nous fûmes bien trempés, l'ordre vint de nous faire remonter, et ce fut avec un plaisir réel que nous nous réintégrons dans nos lits.

Le Havre, 16 Septembre 1890.

C'est demain que nous commençons les marches de concentration qui sont le prélude des grandes manœuvres. Aujourd'hui a été consacré à mes visites d'adieux au Havre, à ceux qui m'y ont reçu comme leur enfant.

La sympathie est chose bien forte qui fait qu'en peu de mois des inconnus deviennent des amis, s'intéressant chacun à ce qui touche l'autre, se réjouissant des mêmes événements et éprouvant les mêmes peines. Partout où je suis allé, j'ai rencontré les mêmes visages moroses; partout on m'a exprimé les mêmes sentiments que je ressentais au fond de l'âme. La famille Debas m'a gardé à dîner et Julien m'a accompagné jusqu'à la porte de la caserne. Nous causions peu. Une si grande intimité s'était formée entre nous que, plongés tous deux dans la même tristesse de la séparation, nous ne trouvions plus rien à nous dire. Mais combien éloquente a été notre dernière étreinte, et comme l'accolade que nous nous donnâmes fut autre chose qu'un simulacre vain ou qu'une formalité polie. C'est lui, au surplus, que je dois trouver encore demain matin, à la première heure, à notre départ. Il m'a promis d'être le dernier à me serrer la main; il ne manquera pas à sa parole.

J'ai fait aussi le pèlerinage du cimetière où nous laissons Kersecq. Je montai, tout triste, la côte très rapide qui y conduit. Arrivé au sommet, je jetai, comme toujours, un coup d'œil sur ce Havre que je vais quitter. Pas une âme autour de moi.

Sur la tombe de Kersecq, que commence à recouvrir le lierre que j'y ai planté, je courbai le genou, et c'est à lui que j'adressai ma prière; à lui que, voyant son âme pure, Dieu aura attiré à lui, je n'en puis douter.

Julien m'a promis de ne pas laisser la tombe abandonnée. C'est pour moi un soulagement de penser qu'une main pieuse en aura soin.

Bolbec, le 17 Septembre 1890.

Étape un peu rude pour la première, et pourtant pour tout le monde elle s'est bien passée. Pas de traînards. Un temps magnifique d'ailleurs, un peu frisquet le matin et, vers midi, bonne chaleur, un peu tempérée. Et puis, nous sommes tous heureux de cette grande promenade sur des chemins que nous ne connaissons pas. Quelle différence avec les marches militaires qui nous conduisent à des sites que nous avons vus déjà tant de fois. La grande halte a été très animée.

Par exemple, nous étions réellement fatigués à notre arrivée à Bolbec, dans cette ville manufacturière, assez mal bâtie d'ailleurs.

Ne parlons pas du logement, il est détestable. C'est ici une réunion de pauvres ouvriers filateurs, à qui certes la bonne volonté ne manque pas de nous bien recevoir, mais qui sont si pauvrement logés qu'il leur est impossible de bien faire.

Notre couchette, bien dure et bien étroite, nous a pourtant semblé délicieuse, éreintés que nous étions par l'étape de la journée.

Yvetot, le 18 Septembre 1890.

C'est le cas de dire, ou jamais, que les jours se suivent et ne se ressemblent pas. D'abord l'étape a été beaucoup moins longue qu'hier. Vingt-six petits kilomètres franchis en bonne humeur, et arrivée dans un pays absolument digne de l'antique roi qu'on lui prête : Yvetot. Nous sommes reçus ici chez un brave entrepreneur de menuiserie et sa charmante famille. On dirait que notre arrivée est pour eux le signal d'une fête.

— Voilà des cuvettes, nettoyez-vous.

Cette opération finie :

— A table, mes gars, à table !

Sur la nappe bien blanche un vrai festin est préparé, et nous y faisons honneur. Le meilleur cidre, le meilleur vin coulent avec abondance.

Notre hôte a deux fils et deux filles. Après avoir pris un café qui ne ressemble en rien à celui que nous confectionne le percolateur, il nous faut montrer notre sac et tout notre fourniment aux jeunes gens qui ouvrent de grands yeux. Il n'y a pas jusqu'aux grandes demoiselles qui ne veulent être au courant de ce qui compose notre petit ménage portatif. L'étui et son contenu les font rire. C'est surtout le fusil qui retient l'attention des garçons et bientôt aussi du père qui le compare au fusil dont il s'est servi en 1870. Les perfectionnements inouïs apportés à l'arme l'étonnent absolument.

C'est pour toute la famille jour de repos. Mon camarade et moi sommes choyés comme nous le serions chez nous.

Une grande promenade à laquelle tout le monde prend part; un arrêt à la musique qui donne un concert aux habitants de la ville; un arrêt même au café, et l'après-midi est terminé.

La soirée est si douce qu'après dîner nous restons un peu au jardin à causer comme si nous étions de vieux amis.

C'est notre amphitryon qui nous pousse au lit :

— N'oubliez pas qu'il faut vous lever à quatre heures et demie demain.

Je crois qu'il ne faudra tout de même pas me bercer ce soir. Il va me sembler bon de me coucher seul dans ce grand lit bien douillet dont les draps blancs sentent bon, dans ce silence que rien ne vient troubler.

Fresnay-le-Long, le 20 Septembre 1890.

J'en étais resté à mon séjour à Yvetot. Quel souvenir charmant je conserve de cette familiale réception! Que de soins on nous a prodigués! Et ces adieux si franchement sympathiques, le matin, après le café pris et nos bidons bien remplis. Il n'est pas jusqu'à la maîtresse du logis qui, malgré l'heure matinale, n'ait voulu se lever pour nous souhaiter bon voyage.

Hier, trente-quatre kilomètres pour arriver à Tôtes, un bourg de huit cents habitants qui est chef-lieu de canton! On ne peut nous loger dans ce « patelin » comme on dit en style militaire, et nous remettons le sac sur nos épaules pour gagner Fresnay-le-Long.

Aujourd'hui est jour de repos; mais il y a tant de revues à passer, tant de corvées à faire que vraiment nous ne disposons pas de beaucoup de temps pour nous délasser un peu.

Oh! ici ce n'est pas avec plaisir que nous avons été reçus. Nous payons la moindre des choses les yeux de la tête. Comme contraste avec Yvetot, c'est complet. Si encore avec de l'argent on pouvait se procurer ce dont on a besoin; mais non, les provisions sont épuisées, et il m'a fallu faire six kilomètres, aller et retour, pour pouvoir manger un bifteck ce matin.

Il fait une chaleur tropicale.

Mesnil-Raoulet, ce 29 Septembre 1890.

Voici deux jours que nous cantonnons à Mesnil-Raoulet. Dieu me soutient au milieu de très pénibles travaux qui nous sont imposés, sans repos appréciable. Pourquoi, hélas!

n'en est-il pas de même d'un certain nombre de mes camarades.

Notre installation est vraiment insuffisante, étant donné la pluie qui depuis hier tombe à torrents. Il y a en ce petit coin de pays tant de soldats qu'on les case comme et où l'on peut. C'est bien maintenant l'image de la vraie guerre. Nous sommes cent trente-cinq de notre compagnie empilés dans une bergerie. La nuit, nous sommes tellement serrés les uns contre les autres, sur le peu de paille qu'on a parcimonieusement distribuée, que nous nous calons mutuellement. On retire ses chaussures et c'est tout.

Les manœuvres que nous faisons sont cependant intéressantes. Que de coups de canon, que de combats contre l'ennemi que nous reconnaissons au « manchon » blanc dont le képi est entouré.

Dans les combats de tirailleurs, on déploie une ardeur très grande, et les charges à la baïonnette, qu'accompagnent les cris les plus aigus, obtiennent toujours un grand succès.

Quant à la nourriture, ce serait là le grand point si nous étions ici de vrais combattants, et je dois avouer que les ravitaillements sont encore défectueux. L'eau est détestable. Les habitants mettent la plus mauvaise volonté à se prêter à la circonstance. Le plus souvent nous nous réunissons à quatre ou cinq pour acheter une volaille que nous déchiquetons à belles dents. Par exemple, le lait et la crème sont à profusion, et, nous autres Parisiens, nous profitons avec joie de cette trouvaille.

Richeville, 1er octobre 1890.

Ça chauffe, ça chauffe. Nous sommes éreintés, mais contents.

La nuit dernière, notre section a formé un petit poste de grand'garde. Après les kilomètres trop nombreux que nous avions franchis dans la journée, la perspective d'une nuit blanche était peu faite pour nous faire plaisir, et pourtant chacun de nous paraissait heureux. Pourquoi? Je ne le saurais bien dire. Je crois cependant que l'idée de nous retrouver un peu entre nous, hors de toute cette foule dont nous faisons partie depuis quelques jours déjà, était pour beaucoup dans le sentiment commun.

A midi, nous prenions possession à Hauville, petite commune de cent cinquante habitants environ. Nous nous installions dans la ferme qui forme l'extrémité du pays. J'étais caporal de poste, et toutes les heures il me fallait aller relever une sentinelle sur deux qui doivent former chaque groupe. Il eût certes été plus doux de monter quelques heures de garde que de pérégriner à tout instant du petit poste au front des sentinelles *et vice-versa*, mais les galons obligent!

Le spectacle était pittoresque cependant. On avait hors de vue de l'ennemi installé le poste avec un assez bon feu, entretenu par Buisset, et près duquel étaient étendus les hommes, ceinturon aux flancs, tout prêts à se précipiter sus aux assaillants.

La nuit fut longue. Pas de lune au ciel et, devant nous, un rideau de pommiers qui coupait l'horizon et obligeait les sentinelles à une attention de tous les instants.

Vers deux heures, un coup de feu retentit.

— Aux armes! crie la sentinelle du poste.

Nous nous précipitons, et une fusillade nourrie, accueille la petite troupe qui avait pour mission de s'emparer de notre poste, si la négligence d'un homme de garde l'avait permis.

Ce matin à cinq heures, nous sommes partis de Hauville, et les vingt-huit kilomètres, au moins, qu'il nous a fallu faire pour arriver à Flumesnil nous ont paru interminables. Comme il n'y a à Flumesnil qu'une ferme, où nous cantonnons dans les plus mauvaises conditions, il nous a fallu, en l'absence de toute possibilité de nous approvisionner, venir à Richeville pour trouver quelques vivres.

Buisset voulut absolument m'accompagner. Que de fois pendant ces jours que nous venons de traverser il m'a rendu service! Que de fois je le voyais disparaître et revenir avec quelque provision qu'il était allé chercher loin, alors que certes j'eusse préféré m'en passer.

C'est donc de Richeville que j'écris ces notes. Je suis éreinté. Hélas! que ce serait chose triste la guerre, et quelle énergie, quel dévouement, quelles vertus de foi et d'espérance il faudra, le jour du conflit qu'il sera bien difficile d'éviter, pour être à la hauteur des événements et ne pas se laisser terrasser par les fatigues et les surprises!

Que Dieu veille sur nous au jour de la bataille!

Le Fayel, le 4 Octobre 1890.

Voilà enfin les manœuvres terminées, et nous n'avons plus maintenant que les marches de dislocation qui nous conduiront à Satory.

Pour compléter ce petit journal de manœuvres, je vais résumer en quelques mots les travaux des derniers jours.

Notre section, qui avait formé le petit poste de Hauville, fut logée dans un bâtiment de la ferme du Fayel, affreuse masure faite de boue et de bois. Des trous énormes, que nous parvînmes difficilement à boucher en partie, laissaient passer un vent glacial.

A huit heures cependant tout le monde ronflait avec ensemble; mais vers quatre heures du matin, successivement plusieurs d'entre nous se réveillèrent transis de froid, malgré la couverture qui nous enveloppait.

La nuit suivante, après les manœuvres qui furent opérées près des Thilliers-en-Vexin, et qui furent très pénibles à cause des marches dans les terres labourées, nous revînmes à notre même cantonnement. J'étais à bout de forces, et l'alerte qui, à minuit, nous obligea à sortir pendant une demi-heure, sous un froid très vif, ne fut pas pour me remettre.

Une heure après, j'étais encore glacé.

— Je vais descendre fumer une pipe, dit Buisset. Tiens, prends ma couverture.

— Tu vas te geler; reste donc, insistai-je.

— Non, je n'ai pas sommeil.

Et j'eus beau faire, il ne voulut pas en démordre, et je dus me laisser envelopper.

Bientôt réchauffé, je m'endormis, à cinq heures je me réveillai, je trouvai mon grand Buisset qui dormait paisiblement sur la paille sans couverture.

Deux autres combats eurent lieu à Écouis et à Fleury. Celui-là, le dernier d'ailleurs, fut très vif et extraordinairement bruyant. Le canon faisait rage, et pendant quatre heures ce fut une fusillade qui avait attiré des environs un nombre considérable de curieux.

Nous partons ce soir pour Fleury-sur-Andelle.

Grande halte de Magny, le 9 Octobre 1890.

C'est encore tout vibrant d'émotion que je t'écris. Nous sommes à la grande halte et elle se prolonge plus que nous l'aurions espéré. Le régiment tout entier s'étend, las plus certes de la fatigue des jours précédents que de la marche de ce matin.

On n'entend plus beaucoup de bruit. Aux exclamations, aux appels, au brouhaha de tout à l'heure a succédé le calme de la digestion. Sur l'herbe de l'immense plaine les cadavres que le sommeil a étendus donnent l'impression d'un champ de bataille horrible. L'illusion serait complète si quelques soldats plus gourmands ne s'attardaient près des pavés où fument encore les gamelles à café, si les sentinelles près des faisceaux n'avaient pas l'air si guilleret, et si les officiers n'étaient si paisiblement affamés, tranquillement assis à l'ombre des pommiers qui ploient sous le faix des fruits bientôt mûrs, autour des victuailles que servent les ordonnances.

Près de moi, Buisset, blanc comme un linge, fume mélancoliquement la petite pipe que je lui ai offerte, et fredonne la si douce et si pénétrante romance bretonne qu'il a si souvent entendu chanter à Kersecq. Le soleil plane sur cette scène.

Sur deux faisceaux, dans son enveloppe de cuir noir, repose le drapeau.

Le drapeau! Il est là, comme endormi au milieu de ses défenseurs endormis, comme confiant en la levée brusque que produirait pour le défendre la moindre clameur du clairon.

Le drapeau! A peine un bout de sa cravate tricolore sort-elle de l'étui qui l'entoure, et, tout à l'heure je suis allé toucher l'étoffe sacrée avec une sorte de religion émue.

Il était cinq heures quand retentit la voix de Buisset.

— Debout!

Quel drôle de réveil!

Où suis-je?

Ah! voici la grange où hier il nous était si difficile de nous caser tous, et où cependant nous avons tous dormi d'un si profond sommeil. Voici la lanterne qu'a bien voulu nous octroyer le maître de céans et qui, de sa lumière blafarde, éclaire le réveil de toute la section.

— Eh! oui, reprend Buisset. Debout! Nous sommes de drapeau!

— De drapeau? Comment?

— Caporal, vous dormiez quand le sergent est venu vous prévenir vers une heure. Et vous dormiez si bien que je n'ai pas voulu vous réveiller.

Je pense :

— Quel brave Buisset!

— Oh! continua-t-il à voix basse, tu sais, il me semble que, depuis le Conseil de guerre, tu es comme qui dirait.... mon enfant.

— Allons, debout! criai-je moi-même, pour mettre fin aux expansions de cet extraordinaire taciturne.

Et j'ajoutai :

— Nous sommes du drapeau!

Le lever ne fut pas long, je te l'assure.

Brrr! Brrr! Il ne fait pourtant pas chaud, ce matin. Les coqs se renvoient leurs appels aigus, et, comme ensommeillée encore, la cloche frêle sonne l'*Angelus*.

Un quart d'heure après nous étions tous prêts, et bientôt, sous l'ombre que les maisons profilaient sur la route douteusement blanchâtre, nous marchions en cadence. De chaque porte sortaient des camarades, rajustant vite les bidons nouvellement remplis, et, dans une gaieté de moineaux chantant au jour, regagnaient vite le lieu de rassemblement.

Cependant les fenêtres s'ouvrent partout. Nous nous arrêtons un instant. Voilà des enfants en chemise, dressés sur les bras de leur mère, qui viennent voir *partir les soldats*.

— M'man, et ceux-là, où vont-ils comme ça, avec leur fusil sur l'épaule?

Alors une voix plus rude, souvent impatientée, répond :

— Ils vont chercher le drapeau.

— Où donc, papa? reprennent les mignons interrogateurs.

— Chez le colonel, mes enfants.

— Il a donc couché là, le drapeau?

— Eh! oui.

— Maman, maman, je veux voir le drapeau. Viens vite, crie chacun d'eux.

— Mais tu es en chemise, mon chéri, répond la mère qui saisit l'un d'eux et lui colle à la joue un baiser bruyant, tu aurais froid.

— Et toi aussi, dit-elle au second qui s'attache à son cou.

— Non, non, maman; allons voir le drapeau!

Et le père qui vient de s'habiller sournoisement :

— Laisse, femme; habille-les en deux temps, il faut que je leur montre ça.

Notre marche reprend et nous voici arrivés. Nous trouvons là une quantité d'hommes, tôt éveillés, qui, en des costumes rapidement ajustés, se pressent devant la propriété où le commandant du régiment a reçu l'hospitalité. Les clairons, les tambours, la musique nous ont précédés.

Le capitaine aussi, d'ailleurs. Monté sur Jup, il nous fait faire par le flanc.

Ah! ça, d'où viennent donc tous ces pékins? Comme on sent que la France est bien en communion d'idées, en communion d'amour en ces moments-là, et que dans chaque cœur d'homme réside un même sentiment qui le fait battre.

Un roulement de tambour se fait entendre.

Le lieutenant porte-drapeau entre dans la propriété.

Il plane maintenant dans la rue un silence majestueux et tous les yeux sont braqués sur la porte.

Bientôt la grille s'ouvre :

— Portez armes! commande le capitaine.

Puis :

— Présentez armes!... au drapeau!

Alors les clairons éclatent en notes vibrantes, les tambours battent avec un son de victoire, et la musique joue

Revue d'inspection (page 89.)

l'hymne national pendant que l'étoffe sublime s'avance entourée de sa garde d'honneur.

Ce n'est plus dans la rue d'un village maintenant, c'est dans un temple que nous sommes.

Le curé du pays est là, près de la porte. Il se découvre et, comme lui, chacun met chapeau bas.

Il me semble que ma main tremble un peu. Je regarde avec les yeux fixes la patrie qui est devant moi.

Mais le clairon rappelle. Comme un champ d'épis de blé courbé sous l'orage, qui se redresse à la chanson du soleil, les soldats se sont vite relevés.

Chacun reprend son fardeau, et, au milieu de toute sa garde, au centre de cette muraille cimentée de cœurs d'hommes, le drapeau surgit de dessus son lit de baïonnettes, comme l'âme qui plane sur le régiment.

Saint-Germain-en-Laye, 10 Octobre 1890.

Bien chère Mère,

Enfin voici notre dernière journée de marches de dislocation, et demain, nous serons au camp de Satory. Je vais enfin t'embrasser, et ce bonheur me sera souvent donné maintenant. Que de personnes chères laissées au Havre! que de souvenirs j'en emporte!

Cette famille Debas, au milieu de laquelle j'ai si fréquemment retrouvé le calme, surtout dans les premiers jours de mon arrivée à la caserne, alors que je me sentais si seul et si perdu au milieu de la foule de mes camarades ; ces bons Dupuy, ce vieillard si rigidement honnête, si foncièrement chrétien qui m'accompagnait dans mes visites à l'aumônier, comment pourrais-je jamais les oublier? Et toi aussi, petit Breton, qui reposes là-haut, face à la mer, Kersecq, mon souvenir pourrait-il jamais se détacher de toi ?

Oui, j'ai passé au Havre d'exquis moments. Mais aussi c'était trop loin pour que je puisse souvent me refaire dans ce vieil appartement où mon enfance s'est passée si douce et si chaudement dorlotée.

Demain, je serai à une demi-heure de la capitale. Je vais donc revoir tant d'amis qu'il ne m'était guère facile de visiter aux brèves heures des voyages de permission, ces maîtres qui se sont dévoués à mon instruction avec tant de dévouement et de patience.

La vie du camp, que je ne connais que par ouï dire, me semble aussi, une fois l'hiver passé, ne devoir pas être sans agréments. Puis, n'est-ce pas aussi l'attrait du changement qui vient s'ajouter à toutes ces bonnes raisons de me féliciter de la nouvelle vie qui va commencer pour moi.

La soirée que j'ai passée en longeant la terrasse a été très agréable, comme bien tu peux penser, et la vue de Paris au loin n'était pas pour ne pas ajouter un charme au paysage.

A demain soir, chère Mère; je t'affirme que la petite étape qui nous sépare de Versailles sera lestement enlevée. La musique se promet de marquer notre arrivée par une série de marches sonores. Les officiers paraissent joyeux. A demain.

Du camp de Satory, le 11 Octobre 1890.

Une journée superbe et douce au cœur. Ah ! l'étape a été vite franchie, et il n'y a pas eu de traînards.

A onze heures, nous faisions notre entrée à Versailles, aux sons endiablés de la musique. Ici nous n'avons pas trouvé l'enthousiasme auquel nous sommes habitués depuis nos marches de manœuvres. Il est vrai que les habitants sont tellement habitués à voir des soldats, à entendre de la musique, qu'ils n'y font plus attention. Et puis, que nous importait ?

La plupart des soldats n'avaient pas encore vu Versailles ; aussi, en passant sur la place d'Armes, toutes les têtes, malgré le règlement, se tournaient-elles vers le château.

Ce n'était pas de ce côté que mes regards se tournaient ; car, qui venais-je d'apercevoir devant la porte du quartier du génie ? Quelles sont donc ces deux femmes qui paraissent si impatientes de voir arriver à elles le régiment, et qui ensuite, avec tant de persistance et d'attention, considèrent tous les rangs, semblent vouloir dévisager chaque homme qui passe ? Je ne me trompe pas, et, en même temps que mes yeux, mon cœur les a reconnues.

— Mes mamans !

— Le voilà ! le voilà ! s'écria Mariette.

Je vois le capitaine qui esquisse un sourire bienveillant, et, en deux mots, leur dit que je vais m'efforcer de sortir et qu'elles m'attendent à la cathédrale. La montée est vraiment trop rapide pour que je veuille l'imposer aux vieilles jambes de grand'mère.

Nous l'escaladons bien pourtant au pas de marche dont le colonel vient d'ordonner la sonnerie :

Il y a d'l'alcool à boire là-haut
Il y a d'l'alcool à boire.

Sans doute, et aussi nous serons enfin chez nous, et cela nous semblera bon à tous qui jouons un peu le rôle de juifs errants depuis trois semaines déjà.

On nous arrête sur le flanc de bandière, et aussitôt on nous fait former le cercle pour nous lire le rapport.

Une heure après, nos affaires étaient rangées dans le baraquement affecté à notre section, et, le quartier étant libre, je dégringolais la rue de Satory plus rapidement que nous ne l'avions montée. Mariette et maman étaient sur la Place, devant l'église, à m'attendre, et bientôt j'étais dans leurs bras, sans souci des gens qui s'arrêtaient pour assister à cette petite scène de famille. Grand'mère avait les larmes aux yeux. Toutes deux me regardaient, considéraient mon visage.

— Tu n'as pas maigri, tu as bonne mine ; un peu bronzé du soleil, par exemple.

— Mon pauvre enfant, faisait remarquer ma mère, comme tu es sale ! Ta capote est pleine de taches !

— Quelle idée ! répliquait Mariette.

Et une douce discussion s'élevait, à laquelle je mettais fin en disant :

— Dame ! quand on arrive de campagne !

Si le repas fut gai, on peut s'en faire une idée. Il semblait aux deux chères femmes que jamais je ne mangerais assez.

— Encore cette aile de poulet ?

— Oh ! finis ces pommes de terre frites.

— Cette salade restera si tu n'en prends encore!

Mais nous devions être tous rentrés au camp à quatre heures et demie. On se quitte, mais avec quel bonheur de pouvoir se dire presque sûrement :

— A dimanche, pour déjeuner.

Camp de Satory, le 12 Octobre 1890.

Quel remue-ménage aujourd'hui : c'est le départ de la classe. Dès la première heure que de bruit! que de cris de joie! Partout on n'entend retentir que ce mot mille fois répété :

— La classe! la classe!

Cette folle gaieté de ceux qui partent du régiment me semble pour beaucoup d'entre eux assez bizarre et l'effet plutôt d'un entraînement réciproque que d'une opinion réfléchie. Car enfin combien y en a-t-il parmi tous ces fils qui viennent de passer ici le meilleur de leur jeunesse. Je sais bien que la liberté d'aller et venir leur manquait; mais où jamais feront-ils ce qu'il leur plaira? Sans doute ici ils étaient atteints par les soucis du service, des punitions à éviter, des corvées à accomplir; mais qu'est-ce pour beaucoup que cela à côté des soucis matériels qui les attendent? Et comme corvées, le rude labeur auquel ils seront astreints ne les remplacera-t-il pas amplement?

Parmi les plus joyeux de partir, c'est le sergent Verdier. Il est exubérant et raconte avec force marques de dédain qu'on a osé lui demander s'il voulait rengager!

— Comprenez-vous ça, dit-il à qui veut l'entendre en entraînant à la cantine son interlocuteur, le colonel m'a conseillé de rengager?

» C'est la nostalgie de la vaisselle à plonger dans l'eau chaude qui le tient. Rengager! Bien mieux vaut laver les assiettes sales que servir la patrie et porter la blouse maculée que l'uniforme de sous-officier! Tous les goûts sont dans la nature.

Enfin, tout le jour s'est passé dans le brouhaha le plus extraordinaire que j'aie encore entendu au régiment. Vers trois heures et successivement, selon les directions qu'ils avaient à suivre, les divers groupes de libérés franchissaient, leur paquet à la main, le front de bandière. Ils avaient satisfait à leur devoir militaire et rentraient dans la vie civile.

Dire que je n'eus pas une pensée d'envie en les voyant se séparer de nous serait mentir; mais, je ne sais pourquoi, je n'aurais pu, s'il m'avait été donné de retourner dans ma famille comme eux, me livrer à une joie si immodérée. Il me semble qu'au moment de remplacer l'uniforme, un petit grain de tristesse me serait venu en songeant que mon apprentissage de la vie était terminé et que j'allais devoir maintenant, libre de mes actes, mais aussi responsable de leur valeur, sans l'égide de supérieurs qui s'imposent, me lancer sur les flots parfois si agités de l'existence.

Maintenant un grand calme, une grande mélancolie règne sur le vaste camp. Les ingrats qui s'en vont ne se doutent pas en ce moment, dans l'ivresse de leur joie, des souvenirs qu'ils laissent dans le cœur de leurs camarades.

---

15 Novembre 1890.

Je suis nommé sergent. Je ne dirai rien à maman, et j'irai avec mes galons la surprendre dimanche.

Que Dieu agrée mes remerciements pour la protection dont il m'a couvert jusqu'ici.

Camp de Satory, le 18 Novembre 1890.

Hier, vêtu de mon nouvel uniforme de sous-officier, j'ai sauté dans le train de Montparnasse, et à onze heures, après une course en voiture qui me paraissait interminable, j'arrivai enfin à la maison maternelle. Je monte, je sonne; c'est Mariette qui vient m'ouvrir. Elle dépose sur mes joues deux gros baisers, mais dans l'obscurité de l'antichambre elle ne distingue rien de nouveau. Je pénètre dans la salle à manger et me voici devant maman, qui, à la vue de mes galons, devient rouge et jette cette exclamation :

— Comment! c'est vrai? tu es sergent? Déjà!... Oh! merci mon Dieu.

Mariette est d'abord un peu ahurie; puis elle m'embrasse de nouveau et je sens ses larmes rouler sur sa figure.

Pourquoi essayer de décrire cette journée, puisque je suis sûr de ne jamais en oublier un détail.

La joie qu'ont ressentie maman et grand'mère m'a

dédommagé, et amplement, de toutes les peines que j'ai patiemment subies, de tous les efforts que j'ai faits, de toute la patience que j'ai montrée, de tous les labeurs auxquels je me suis livré.

Je sens aussi que ma responsabilité augmente, que ce n'est plus seulement sur moi que je dois veiller, mais sur les hommes qui me sont confiés, que je dois compte vis-à-vis de mes officiers, que dis-je? vis-à-vis de Dieu, de ma conduite à leur égard. Je sens que je dois veiller sur mon honneur, réprimer mes emportements, m'efforcer à la patience, ne pas seulement juger mes subordonnés sur les résultats qu'ils obtiennent, mais sur les efforts qu'ils donnent; ne jamais transiger avec la discipline, donner l'exemple moi-même, et avant tout et en toutes circonstances, ÊTRE JUSTE.

Camp de Satory, 30 Novembre 1890.

Les malades en haut! Les malades en bas!

C'est la sonnerie à laquelle il me faut répondre aujourd'hui pour la première fois comme sergent de semaine.

Je passe dans les baraquements où stationne la compagnie. L'extraordinaire température que nous subissons en ce moment cause sans doute bien des grippes, mais aussi sans doute provoque quelques défaillances parmi les jeunes soldats.

C'est du moins ce que pense le médecin-major. Aussi l'aspect de la salle de consultations est-il curieux.

Oh ! il n'aime pas les *fricoteurs*, le major. Il n'est pas tendre pour eux ; mais, peut-être averti par l'expérience que lui donne une vingtaine d'années passées au corps, et se rappelant, dit-on, certaines duretés qui ont amené un résultat assez triste, sinon funeste, il sait les écarter de l'infirmerie d'une façon qui sauvegarde les intérêts de tous.

— Qu'est-ce que vous ressentez, mon ami ?

— Monsieur le Major, j'ai des coliques et suis obligé de descendre souvent dans la cour.

— Très bien. Vous garderez la chambre. On va vous donner un paquet de bismuth et vous serez à la diète.

On voit d'ici la grimace de l'homme, si c'est un fricoteur. Dans le cas contraire, le remède est bien appliqué.

Le lendemain, le fricoteur se garde bien de se faire à nouveau porter malade. Le malade vrai, ou bien est soulagé et tout est pour le mieux, ou, dans le cas contraire, n'hésite pas à venir trouver le major.

Les purgations sont aussi distribuées avec une très grande générosité.

Ce matin, un d'entre mes hommes, à la mine réjouie, arrive devant la table où le docteur rend ses arrêts.

A la demande ordinaire :

— Que ressentez-vous, mon ami?

Voilà notre jeune soldat qui, doué d'une imagination féroce et récitant vite une leçon apprise par cœur, répond, après un accès de toux si mal feint que le major redresse la tête et esquisse un sourire.

— Monsieur le docteur, je tousse beaucoup; je crache le sang; je n'ai aucun appétit.

Le médecin l'arrête, et, d'un air convaincu :

— Oh! oh! mais c'est grave, cela. Déshabillez-vous, pendant que je vais voir les suivants.

La visite terminée, le docteur ausculte notre malade; puis, sérieusement :

— Je vois ce que c'est. Eh bien, mon ami, l'air vous fera du bien; vous irez donc aux exercices comme d'habitude. Tous les matins, pendant huit jours, vous aurez soin de vous présenter au caporal d'infirmerie qui vous donnera une bonne cuillerée d'huile de foie de morue. N'allez pas y manquer, car je vous infligerai quatre jours de prison. Je tiens à vous guérir. Si vous continuez à être malade, vous reviendrai me voir dans huit jours et nous changerons le traitement.

Non, dépeindre la tête ahurie de notre jeune soldat est chose impossible. Il s'est réhabillé en deux temps et est sorti sans demander son reste.

Le Havre, 2 Janvier 1891.

Nous avions résolu de nous rendre, tous les sous-officiers, chez le capitaine de la Mardelle, à l'occasion de la nouvelle année, et l'adjudant, lui ayant demandé si cette démarche lui agréait, avait reçu une réponse favorable. Il nous en coûtait bien un peu de retarder notre congé jusqu'à dix heures du matin au moins; mais ce petit sacrifice, chacun de nous se l'imposait volontiers.

A neuf heures donc, en grande tenue, nous arrivions chez le capitaine qui nous attendait. Quelques jours avant, il avait dû punir un d'entre nous (on va dire que c'est la compagnie idéale que je peins, et pourtant rien de ce que j'écris sur mon cher journal, si longtemps négligé, n'est absolument vrai); mais le sergent puni ne murmurait pas de la punition encourue, la reconnaissait juste, n'avait qu'un ennui, avoir forcé le capitaine à le punir; qu'une crainte, c'est que sa visite ne lui fît point plaisir.

Nous pénétrons dans le modeste cabinet de travail de M. de la Mardelle, et aussitôt il entre et vient à nous.

Entre trois mots, l'adjudant lui dit le but de notre visite, qu'il connaissait bien d'ailleurs, et lui exprime nos souhaits. L'adjudant n'est pas d'une intelligence rare, oh ! non (que Dieu me pardonne ce manque au respect de la hiérarchie que personne ne soupçonnera jamais), et cependant, dans leur forme un peu fruste, ses paroles exprimaient vraiment bien ce que nous voulions dire, mieux peut-être que si nos sentiments avaient été revêtus de fleurs de rhétorique.

La preuve en est que le capitaine en fut, j'en jurerais, absolument touché, plus que par toutes les phrases qu'il a peut-être entendues aujourd'hui.

A court compliment, brève réponse.

— Votre visite, Messieurs, a-t-il dit, n'est pas chose habituelle. Elle me fait plus plaisir que je ne saurais vous le dire. Elle prouve que je puis compter sur vous, qu'à côté de la hiérarchie il y a de la sympathie. J'en suis fier et heureux : fier de vous avoir inspiré cette démarche, heureux que vous l'ayez faite.

Il nous a fallu ensuite choquer notre verre contre le sien, et nous avons remarqué qu'il a d'abord trinqué avec le sergent puni.

Nous nous sommes ensuite retirés, après avoir reçu une bonne poignée de mains de M. de la Mardelle.

A notre sortie, il a retenu, sans en avoir l'air, le sous-officier fautif. Deux minutes ensuite il descendait nous rejoindre, et, comme pour soulager son cœur trop plein, il répétait :

— Oh ! quel cœur ! quel cœur !

A quoi bon consigner ici ma visite à mes mamans.

Ce fut la fête de famille de chaque année, dans la douce chaleur de l'amour.

Saint-Cloud, 5 Avril 1891.

Après les froids rigoureux qui serrent l'âme, quel plaisir n'éprouve-t-on pas, sous le gai soleil d'avril qui découpe mieux les maisons et les arbres, à voir de nouveau les fenêtres des maisons s'ouvrir, et, dans les rues, les bagnoles des fruitières jeter leur note verdoyante.

Paresseusement, ce matin de dimanche, en permission, à Paris, je descendais la pittoresque rue de Seine, baguenaudant à toute cette vie qui se pressait dans l'étroitesse de la voie. Tout y était gai : et les esquisses des maîtres chez le fameux X...., et les tableaux des jeunes à la devanture des marchands. Il semblait même que les vieux livres, les vieilles choses, chez les antiquaires, renaissaient sous le rayon vivifiant. Je m'arrêtai devant la boutique d'un opticien, et cela m'intéressait, dans la chaleur, de voir les hiératiques Capucins sortis, décoiffés, de leurs cabanes, à côté des jeunes Parisiennes dont les jupes imprégnées de tournesol étaient couleur d'azur.

A côté de moi, deux gamins s'amusaient à tourner le distributeur d'un automatique confiseur, en invectivant, avec quelle drôlerie! le fidèle agent de la tentatrice compagnie.

Et je poursuivais mon chemin tout droit, quand un air de romance m'arrêta net. C'était, sous une porte cochère de la rue des Beaux-Arts, un orgue de barbarie, qui plaintivement redisait la mélodie d'une chanson italienne que j'avais fredonnée combien de fois? Dieu le sait, pendant cette Exposition de 1889 maintenant morte.

Une seconde, et pendant cette seconde, toute la fantasmagorie de l'universel étalage, et la galerie des orgues, et le coin réservé à la facture de l'Italie, où, souvent, dans le cercle des amateurs de musique douce et profonde, j'écoutai le vieillard dire et redire les *Voix de la brise*, de cette voix chaudement lasse qui remuait en moi les sensations endormies, provoquait les souvenirs éteints et les désirs vagues, indéfinis, comme tout l'irréalisable.

Je pénétrai dans la rue comme attiré par les magnétiques effluves qui s'échappaient de l'instrument. Lentement, d'une voix d'au delà, se déroulait l'air réminiscent, et toute la rue en vivait, en était transfigurée. Ce n'était plus le banal passage pour la foule; mais comme en ce coin remuant du Havre, l'hôtel du repos, de la douce somnolence et de la délassante rêverie.

En face de la porte où le pauvre se tenait, inconscient

artiste des vibrations lentes, un homme âgé était arrêté, les yeux fixes, subissant, à n'en pas douter, le charme qui se dégageait de cette boîte à souvenirs. Et à côté, ah ! à côté, il y avait un brancard qui faisait halte sur le trottoir. Une femme, cadavéreusement pâle et les larmes aux yeux, se tenait tout près du lit d'angoisse, pendant que les deux porteurs s'épongeaient le front, las de leur fardeau souffrant.

Machinalement je traversai la rue. Quatre pas, et je vois les rideaux agités fiévreusement. Deux pas encore, et la femme et les hommes soulèvent vivement l'étoffe, et deux pas encore, deux, et je vois un visage décharné par la maladie, deux grands yeux ouverts, deux mains de spectre, immobiles, et j'entends un porteur prononcer ce seul mot :

— Mort !

Alors je pars, un coup au cœur frappé par le cri d'épouvante de la femme, pendant que, sous la porte de la vieille maison, dans la vieille rue, l'inconscient accompagnateur du râle continue à faire soupirer les *Voix de la brise*.

Camp de Satory, 6 Avril 1891.

Une vraie peine : Buisset va quitter le régiment ; son frère aîné vient de mourir. Comme il a plus d'un an de présence sous les drapeaux, il va aller remplacer celui que la mine vient d'enlever à sa vieille mère veuve.

J'ai trouvé ce grand diable tout à l'heure semblable à ce que je l'ai toujours connu. La peine qu'il éprouve se

Le billet de logement. (page 101).

dissimule derrière la brusquerie. Il pleure le disparu, et semble indifférent à son changement de situation. Il a dû avoir une notion telle dans sa rudesse, que, disposé naturellement à reprendre le dur labeur auquel il s'est déjà livré pendant six ans pour soutenir la mère infirme, il éprouve cependant une peine vraie à quitter la vie pénible qu'il a menée ici.

Il est venu me voir avant de partir. La poignée de mains qu'il m'a donnée était plus nerveuse que d'habitude, et, ma parole, sa voix si métallique avait une inflexion presque douce pendant qu'il me faisait ses adieux. C'était simple, ses paroles, comme la vérité émue.

Et ce soir, je suis bien triste. Voilà un ami disparu, un vrai, ce qui est si rare.

Camp de Satory, 20 Avril 1891.

Bien chère Mère,

Quelle délicieuse matinée de printemps! Notre promenade militaire de ce matin n'a certes pas ressemblé aux précédentes. Sous ce bon soleil d'avril, on sentait se réveiller toutes les fleurs des âmes endolories. Une jeune gaieté régnait sur toute la colonne qui suivait les routes en chantant, ou traversait fièrement les villages que, pour un instant, ressuscitaient les accents de notre musique. Oh!

pas de lassitude. Aux haltes, pas d'hommes assis sur le bord des fossés, mais une exubérance de vie que nos officiers ne manquaient pas de remarquer avec plaisir.

Et, tout en marchant, je me rappelais la pensée de Byron, si profonde et que je ressens être vraie. Le texte m'échappe, mais je me souviens que le poète anglais exprime cette pensée qu'on est bien près de la mort quand on voit sans plaisir le changement des saisons; que le cœur est bien désespéré de celui qui, sans en ressentir une profonde émotion, en éprouver une intime sensation, voit le printemps surgir des neiges de l'hiver, comme après une série de jours pluvieux et gris le soleil s'irradier sur la plaine réjouie.

Après chaque halte, pour reprendre la marche, les clairons sonnaient : *La Casquette du père Bugeaud*, et chacun de dire :

— Bon, encore une casquette de plus, encore une de moins.

Le colonel, à notre rentrée à Versailles, s'arrêta pour nous voir passer, comme il le fait chaque fois, il semblait content et fier de notre attitude.

Sitôt les rangs rompus, le colonel a fait sonner au rapport, et cinq minutes après on nous lisait qu'il y avait repos pour toute la journée.

— Vive la classe !

— C'est franc !

— Vive le colonel !

Voilà les cris qui résonnèrent alors dans les chambrées, d'un bout à l'autre de la caserne.

J'ai profité de cette bonne aubaine pour aller voir nos amis et jouir en amateur de l'après-midi d'une matinée charmante.

Un jeune soldat s'est suicidé, un compatriote de ce pauvre Kersecq, qui repose là-haut sur la colline d'où il doit entendre encore les vagues s'entre-choquer et la tempête rouler les galets avec un bruit à la fois sinistre et berceur.

Il n'avait pu, ce petit Breton, se faire à la vie du régiment. N'ayant pas la force qui résulte de la grande santé d'esprit et d'âme, malgré la bienveillance prouvée chaque jour du lieutenant qui commandait son peloton, il s'en est allé par la petite porte du suicide.

A demain, Mère.

ORDRE DU RÉGIMENT

« Le nommé X...., soldat de 2e classe, s'est suicidé hier.

» Celui qui, pouvant avoir d'un moment à l'autre l'honneur » de donner sa vie pour la patrie, se tue volontairement, » déserte son poste.

» Le colonel décide que le soldat X.... ne recevra pas » les honneurs militaires.

» Le présent ordre sera lu à l'appel de ce matin.

» *Camp de Satory, le 20 Avril 1891.*

» LE COLONEL. »

Ceci nous a été communiqué à l'appel du matin.

Et ce soir, quatre hommes de corvée, conduits par un caporal, sont allés, à la nuit tombante, chercher le cadavre du petit Breton.

— Soyez plus miséricordieux que le colonel, et accordez-lui grâce devant votre tribunal.

Voilà ce que j'ai demandé à Dieu du fond du cœur, agenouillé sur la tombe à peine comblée.

Le 28 Avril 1891.

Ce matin allant à la pension communiquer le rapport, j'entendis, assis près de la porte qui donne accès à la salle à manger, une conversation qui m'impressionna fortement. Au lieu des clameurs habituelles aux déjeuners des lieutenants et sous-lieutenants, des éclats de voix qui surmontent le bruit des assiettes, des chassés-croisés de bons mots et de reparties qui égaient le repas, il régnait une tenue de silence sur laquelle la voix pourtant sombre du lieutenant Garige, le lieutenant du petit Breton qui dort en paix sur la côte, se détachait en un récitatif à la fois mélancolique et doux.

— C'était un abruti, exclamait le lieutenant Matier, le farouche président de table, qui, descendant d'une famille de soldats, semble un de ces anciens grenadiers du premier Empire qui ne comprennent que la mitraille et ne sentent que l'héroïsme.

— Oh! non, répondait M. Garige, non. Ce n'était pas une âme vulgaire, non. Pour bien rendre ma pensée, je dirai qu'il y avait là plutôt une plante, qui, sortie de terrain fort et rude, n'a pas pu s'acclimater ici. C'était une fleur sauvage, voilà tout.

— Vous êtes poétique, mon cher Garige, dit avec un gros rire communicatif le lieutenant de Lamothe.

— Si vous voulez, repartit le narrateur.

— Oh! ne vous affectez pas outre mesure, Garige; vous paraissez tout bonnet de nuit depuis trois jours, et ma foi ce n'est pas de votre faute si le malheur est arrivé.

— Certes, non; vous me connaissez, Messieurs. Vous

savez que je suis sévère dans le service, et ma réputation n'est pas usurpée, qui me représente comme un officier dur et qui ne badine jamais. Pourtant je me suis fait une loi depuis longtemps, c'est d'étudier les hommes qui sont sous mes ordres, de surveiller surtout les jeunes soldats qui arrivent dans ma compagnie et de les amener, chacun par une voie différente, au même niveau d'obéissance et de conviction. Il faut, en effet, à mon avis, que chaque soldat soit convaincu de la grandeur de sa mission que lui indiquent mal d'ailleurs le peu de souci que souvent on prend de ses hommes et le mépris apparent que certains semblent leur montrer.

Un chassé-croisé d'interruptions interrompit M. Garige; puis, plus vibrante, une voix se détacha, que je reconnus être celle du lieutenant Serre, qui, à quarante-cinq ans, attend, avec une impatience qu'il ne dissimule pas, le troisième galon qui sera pour lui le bâton de maréchal.

— Que voulez-vous donc dire, Garige? A qui en avez-vous? Que veut dire ce mot *mépris* dont vous vous servez?

D'une voix aussi calme que s'il eût parlé de balistique dans une conférence, le lieutenant Garige continua :

— Je ne fais, Messieurs, aucune personnalité, vous le savez bien. Mais ce que vous savez aussi, ce sont les idées un peu bizarres que nous émettons quelquefois. En même temps que la théorie....

Un rire bruyant l'interrompit.

— Décidément vous déraillez, Garige, dit un officier dont je ne reconnus pas la voix.

— Que la théorie, dis-je, n'admet pas pour les soldats autre chose que la soumission à nos ordres, sans discussion ni hésitation, elle nous enjoint de traiter nos hommes avec bonté, de ne pas les supposer des brutes inconscientes, de respecter en eux, en même temps que l'âme qui vaut la nôtre, le corps dont nous avons la garde.

» Je ne voulais, vous vous en rendez compte, que vous exprimer le sentiment auquel j'obéis, en étudiant, dans mes jeunes soldats, à la fois l'intelligence, l'âme, si vous voulez, et les aptitudes physiques, le caractère né de son passé et du milieu où il a été élevé.

— Ma parole, reprit le lieutenant Serre, si le colonel vous entendait, il serait surpris de trouver en vous un orateur aussi parfait.

— Je ne suis pas un orateur et ne pose pour tel. On m'avait demandé des détails sur le suicide du petit Breton, je me disposais à vous les donner. Permettez-moi de ne pas abuser plus longtemps de la parole.

Un coup de poing sur la table fit sauter les assiettes, et la voix brève et dure du lieutenant Matier retentit :

— Garige, vous nous intéressez tous et nous vous prions de continuer votre récit. Vos idées sont peut-être un peu.... Ah ! je ne sais comment dire, mais ce qui est certain, c'est que vous savez combien nous avons d'estime pour vous et combien nous intéresse la défense du petit déserteur, présentée par vous.

Alors, d'une voix sourde :

— Déserteur, oui, vous avez raison ; oh ! le colonel a bien fait de flétrir la mort de ce malheureux. Peut-être l'ordre du jour arrêtera-t-il sur le bord de la tombe une volonté hésitante. Il fallait cet exemple.

Et, après une pause :

— J'avais donc, comme je vous le disais, remarqué la

Aux manœuvres. (page 405.)

tristesse inouïe que, depuis son arrivée, minait ce gamin imberbe. Plusieurs fois je le fis demander et essayai de le confesser. Ce fut impossible d'abord. Je voulus le prendre comme ordonnance; il me fit comprendre qu'il ne saurait pas me servir. Et pourtant, Dieu sait à quel service il eût été soumis !

» J'avais toujours l'œil sur lui. A l'exercice, à la chambrée, partout j'essayais de lui faire comprendre qu'il avait en son chef un protecteur, un ami naturel. Je veillais à ce qu'on ne lui fît aucune des farces un peu cruelles dont les « de la classe » abusent encore, malgré nous, contre « les bleus. » Et je voyais chaque jour mon bonhomme devenir encore plus fermé. Que de fois je l'ai aperçu se sauvant à mon approche!

» Alors il me sembla qu'un duel était déclaré entre nous; il me sembla que je me devais à moi de sauver ce petit être, débile d'âme et de corps. Je voyais bien que c'était un infirme, au bout du compte; mais ne pouvant connaître la cause de sa faiblesse, je voulais cependant le guérir. Pour lui, je fis fléchir un peu de la discipline. J'avais remarqué que dans le service en campagne, alors que, pendant la préparation d'une marche ou d'une installation de poste, sa section était au repos, il aimait à se défiler un peu, et à cueillir des fleurs qu'il mettait précieusement dans la poche de sa capote. Alors je l'appelais, le chargeais, tout en suivant la colonne, de cueillir des violettes pour moi.

— C'était trop, interrompit M. Serre.

— Vous avez raison, Monsieur, c'était trop, puisque cela ne l'a pas sauvé. Et pourtant, voyez à quoi on est exposé. Ce matin, en passant rue de Paris, j'entendis deux hommes dire en me croisant :

» — Voilà M. Garige, le lieutenant qui, par sa brutalité, a amené un homme au suicide !

C'est pourtant vrai que certains mauvais soldats accusent à la caserne le lieutenant Garige de la mort du petit Breton !

Saint-Cloud, 15 Juin 1891.

Lever en musique. D'ailleurs, tout le monde est dans la cour à voir le défilé de ces bons musiciens que les mauvaises langues prétendent être peu habitués à de si matinals exercices. On hisse le drapeau au sommet du mât qui se dresse à l'entrée de la caserne, c'est grande liesse aujourd'hui.

LA FÊTE DU RÉGIMENT

A huit heures, grande revue. Le drapeau sur lequel se détache, en lettres d'or, le nom de la bataille où s'est le plus distingué notre régiment sous le premier Empire, Marengo, est amené au milieu de nous avec les honneurs souverains qui toujours font une si ferme impression sur nous tous.

Le colonel et tous ses officiers sont là en grande tenue.

Monté sur Jup, Bidel passe rapidement devant nous. C'est bien le colonel décidément. Son aigrette blanche, non plus que ses galons, sont moins les insignes de son commandement que sa prestance, son attitude, son aspect, la marque indéniable de son autorité.

Un commandement que chacun entend, tellement est

vibrante la voix qui le lance, nous fait former en colonne. Nous marchons, et le régiment en files serrées tient en un espace si restreint qu'il doit donner l'impression d'une fourmilière.

— Baïonnettes au canon!

Le soleil darde sur nos rangs et fait étinceler les baïonnettes. Le colonel, le lieutenant-colonel et les adjudants-majors font face à la grille d'entrée, et, devant eux, à distance assez grande pour nous laisser manœuvrer, la musique, les tambours et clairons sont massés.

— Portez vos armes! crie le colonel, et chaque capitaine reprend :

— Portez armes!

— L'arme sur l'épaule droite! ordonne Bidel.

— Arme sur l'épaule droite!

— Pour défiler! En avant, marche!

Tambours, clairons, musique entonnent l'air martial que tout le monde connaît aujourd'hui. La colonne se met en marche successivement. Quel alignement! Le pas est cadencé comme jamais. Des gens très forts disent que c'est très bête une revue comme celle-là; tant pis pour eux, je dis, moi, que c'est très beau.

Nous marchons, nous faisons des changements de direction plus réguliers que jamais on n'en a obtenus de nous à l'exercice, et, avec la musique qui nous entraîne, pas un de nous, quel qu'il soit, qui ne se dresse et qui ne sente en lui un petit frémissement.

Le défilé terminé, nous avons regagné nos chambrées. Chaque capitaine devait nous lire l'historique de la bataille de Marengo et nous commenter les vertus de nos ancêtres.

M. de la Mardelle a été, comme toujours, sobre de paroles. Mais où a-t-il été chercher, sinon dans son cœur, ce qu'il nous a dit? C'était superbe de grande simplicité. Le drapeau! le drapeau! Ce qu'il est, ce qu'on lui doit, voilà le thème de son petit discours. Comme on sentait une vraie émotion qui faisait monter les mots du cœur à la bouche.

Parmi nous il y a de toutes les opinions ; mais personne n'a critiqué, je t'affirme.

Le côté sérieux de la fête est terminé.

Maintenant, tout est à la joie.

On a bien fait les choses. Dans chaque compagnie, les hommes ont un repas tout à fait substantiel et accompagné de bon vin, de café et de cigares. M. de la Mardelle a même envoyé quelques vieilles bouteilles de rhum qui sont bien reçues, je t'affirme.

A nous autres, à la cantine, on nous sert un repas exquis, ma foi, mais je n'en jouis guère. Outre que ces sortes d'agapes ne m'ont jamais tenté, il est possible que je pense plus qu'il ne faudrait à la représentation de tout à l'heure, où je dois jouer un rôle si important! Serait-ce donc ce que je ressens, ce qu'on appelle la venette ?

Mais les autorités de la ville arrivent successivement. Le temps est admirable, bien qu'un peu chaud.

Bientôt une nombreuse assemblée se presse devant le théâtre édifié en plein vent. C'est le moment décisif. J'oubliais de te dire que nous jouions une petite comédie de circonstance : *Fâchés depuis Wagram*, et une adaptation masculine du *Dîner de Madelon*. J'interprétais dans cette dernière pièce le rôle de Benoît. Vincent, c'était Loï.

De l'avis de tous, nous avons amusé les assistants, et c'était tout ce que nous souhaitions. Par exemple, je ne sais à quoi cela tenait, mais de Loï et de moi, c'est à qui s'est montré le plus enrhumé.

Exercices de gymnastique fort bien réussis, puis boxe, bâton, assaut d'escrime entre les prévôts d'armes, tout s'est fort bien passé, et sincèrement les pékins avaient l'air fort satisfaits.

Tant mieux, et à la gloire du drapeau et du régiment!

On avait confié aux sapeurs le soin du pavoisement et des illuminations, et, l'émulation aidant, ils sont parvenus à faire quelque chose de très réussi avec presque rien.

La musique a donné un concert qu'a suivi le dîner par compagnie. M. de la Mardelle et ses lieutenants, ainsi que les sous-officiers, y ont assisté, et au dessert grande surprise!

M. de la Mardelle fait un signe d'intelligence à ses deux ordonnances qui descendent un instant et remontent avec un grand panier qui paraît assez lourd dont ils sortent une vingtaine de bouteilles à collerette d'argent.

— Mes amis, dit-il, voilà du vin national. Ils n'en ont pas plus en Angleterre qu'en Allemagne. Il faut qu'il coule en l'honneur de la fête du 180e.

Chacun était servi.

— A la France! à l'armée! au 180e! dit le capitaine en levant son verre.

Et les acclamations de retentir, auxquelles, sur l'initiative du lieutenant, se mêle le nom du capitaine.

Il était dit que la fête à la compagnie serait complète,

car au champagne succéda bientôt le café, et chaque convive reçut un bon cigare.

Tous ces petits hors-d'œuvre étaient payés par la bourse de M. de la Mardelle.

Le soir, chose presque incompréhensible, étant donné le mélange forcé d'hommes que présente une compagnie, deux soldats seulement étaient, au moment de l'appel, légèrement émus. Ils se rendirent d'ailleurs à mes raisons (car j'étais de semaine) et se couchèrent aussitôt sans mot dire.

Saint-Cloud, 29 Août 1891.

Nous recevons demain les réservistes.

On a serré les rangs; entre chaque lit une paillasse a été installée. A chaque instant on rappelle aux caporaux, aux sergents. Quelle animation!

Comme sergent d'ordinaire, je suis obligé à chaque instant d'aller par-ci, par-là. Les fournisseurs ne s'en plaignent pas; mais il est de mon devoir de veiller à la qualité des denrées qu'on me vendra, et certes j'y aurai l'œil et le bon, comme on dit en style de métier.

J'ai profité de toutes ces pérégrinations à travers la ville pour aller embrasser Mme Debas et demander des nouvelles de son mari encore une fois enrhumé. Dieu merci, les craintes que chacune de ses rechutes inspire sont encore une fois conjurées.

Ce qu'on a transporté de paille, de draps, de denrées de toutes sortes est invraisemblable.

Ils peuvent venir les réservistes tout est prêt.

La visite du jour de l'an chez le capitaine. (page 125.)

Saint-Cloud, 30 Août 1891.

Ce matin, à huit heures, tous les officiers de réserve étaient rassemblés devant la salle du rapport, pour la plus grande joie d'un certain nombre de sous-officiers, qui, parti pris, veulent se moquer, discrètement toutefois, de cette sorte de sous-lieutenants.

Je ne partage pas l'opinion de mes collègues, et le leur ai dit à table. Je déteste d'abord tout ce qui ressemble à une idée préconçue, et puis, si je juge des autres par celui qui est attaché à notre compagnie, ils doivent montrer un grand zèle, un certain savoir, et être animés des meilleures intentions, servies par une intelligence qui leur permet, sans contredit, d'être rapidement à la hauteur de la mission qui leur incombe.

Au surplus, encadrés par les officiers de l'armée active, sous les ordres directs du capitaine, ils forment une aide précieuse pour leurs camarades.

Le jeune homme qui est arrivé ce matin dans le bureau du sergent-major porte l'uniforme très allègrement, sans forfanterie et sans gêne. Il a l'attitude militaire, et malgré la seule année de service qu'il ait faite (c'est un ancien engagé conditionnel), il paraît bien au courant du service.

A midi, les réservistes ont pénétré dans le camp et sont allés se ranger autour de poteaux indiquant les compagnies et les bataillons.

De suite nous avons commencé à les transformer en militaires, et nous avons procédé de la même façon qu'on avait fait à notre égard.

Trois heures après, il n'y avait plus trace de l'englobement de ces pékins dans les rangs des hommes. Il est vrai de dire qu'ils sont tous anciens soldats, et que, pour la plupart, ils connaissent aussi bien ce qu'ils ont à faire que quiconque. Ils ne permettent d'ailleurs pas aux soldats de l'active de se moquer d'eux et les appellent volontiers blancs becs. Il est toujours remarquable de voir cette subite transformation, et c'est d'un bon augure pour les événements qui peuvent se produire que de voir quelle troupe solide et compacte l'ennemi trouverait de suite devant lui.

En revêtant de nouveau l'uniforme, on dirait qu'ils ont retrouvé toutes les manières, tous les termes du régiment. Les ont-ils perdus seulement dans la vie civile, c'est à se le demander.

Quand il a fallu présenter la compagnie au capitaine, le lieutenant a demandé au sous-lieutenant de faire le nécessaire, et c'est tout naturellement, sans paraître emprunté, qu'il a fait le nécessaire.

Saint-Cloud, 28 Septembre 1892.

Le colonel me fait appeler à la salle du rapport.

Avec quelle triste appréhension je vais me rendre à

son ordre ! Que peut avoir à me dire ce Bidel que je redoute, que tous nous redoutons à l'égal de l'orage.

Pourtant ma conscience ne me reproche aucune faute, aucun même de ces petits méfaits qui trouvent si peu grâce devant lui.

Dans une heure je serai fixé.

Loï se montre perplexe sur cette convocation.

A la grâce de Dieu.

Je suis encore tout ému de la scène qui vient de se passer.

Quand, à la fin du rapport journalier, l'adjudant-major de semaine est sorti, il m'a dit d'aller trouver le colonel qui m'attendait.

J'ai salué en entrant et me suis avancé vers la table derrière laquelle le colonel, renversé sur son siège, était occupé à lire attentivement des pièces imprimées. Il n'a d'abord pas levé les yeux sur moi et a continué sa lecture sans paraître remarquer que j'étais là.

Et elles furent longues les trois minutes peut-être que dura ce silence.

Puis brièvement, en me perçant de son regard fait pour le commandement sans doute, mais qui, malgré tout, pourrait être plus bienveillant :

— C'est vous, Consul ? Asseyez-vous.

Ah ça. Que va-t-il se passer ? M'asseoir devant le colonel !

Gauchement je m'assieds sur le bord d'une chaise, et mon sabre rend, en frappant le parquet, un bruit de ferraille qui fait dresser de nouveau la tête de Bidel. Il me considère un moment et se met à signer des pièces. Nouveau silence... de combien?

— Vous êtes bientôt libérable, Consul, commence-t-il d'une voix indifférente. J'ai sur vous, sur votre instruction, sur le service que vous avez donné, de bons renseignements. J'ai l'intention, si vous rengagiez, de vous proposer, l'an prochain, pour entrer à l'école de Saint-Maixent. Vous en sortiriez sous-lieutenant. Si la carrière militaire vous plaît, je vous donnerai les moyens de travailler pour réussir l'examen d'entrée.

Je restai silencieux.

— Vous n'avez jamais, continua-t-il, songé à rengager?

— Non, mon colonel, répondis-je en me levant d'un mouvement instinctif.

— C'est bien; réfléchissez. Vous reviendrez dans huit jours me donner votre réponse.

J'étais si abasourdi que je restai planté devant lui, sans savoir si je devais m'en aller ou rester.

— Vous pouvez vous retirer.

Je trouve Loï au sortir de la salle du rapport.

— Quoi? me fait-il brusquement.

Je lui raconte en deux mots la proposition du colon.

— Mais sais-tu que tu es bien *dans les huiles*, me dit-il. Le colon est difficile pour admettre des rengagés. Mes félicitations. Et que lui as-tu répondu?

— Que je n'avais pas pensé rester à l'armée.

— Ah! je suppose, par exemple!

— Certes non, affirmai-je. Toute ma vie durant obéir à un Bidel quelconque ne me paraît pas un sort enviable.

— A la bonne heure, et allons déjeuner.

La nouvelle fit bientôt le tour de la table des sous-officiers, et, sauf un, tous les rengagés furent d'avis qu'ils regrettaient fort la décision qu'ils avaient prise, les autres que la situation d'officier sortant de l'école des sous-officiers était la dernière qu'on pût rêver.

Non, non, en effet, je ne me lierai pas pour la vie.

Rengager!

Quelle drôle d'idée a eue le colonel, et quelle peur il m'a causée!

Dans trois mois, je serai de retour dans le nid maternel, je serai mon maître, ou à peu près. Je n'ai pas de situation faite par mes parents, pas de patrimoine qui m'attende, mais bast! Dieu pourvoira bien à mon avenir. J'ai confiance en Lui, et, par Lui, en moi.

Et puis, si jamais l'idée avait pu un instant me séduire, si je m'étais laissé tenter, ce que Loï et les autres auraient ri!

Saint-Cloud, 29 Septembre 1892.

— Consul, venez me parler après l'exercice.

— Oui, mon capitaine.

C'est le jour des interviews, décidément. Après le colonel, M. de la Mardelle!

Je pénètre dans le bureau du sergent-major. M. de la Mardelle est seul; il se lève et vient à moi. Encore un étonnement, car je vois le capitaine sourire et me tendre la main.

J'ose à peine approcher la mienne; mais il la prend, la garde dans la sienne et m'amène à une chaise tout près de lui.

— Vous avez vu ce matin le colonel? me demande-t-il.

— Oui, mon capitaine.

— Et à sa proposition de rengager, de travailler pendant une année encore, de lier votre vie à l'armée pour toujours, vous avez répondu non, n'est-ce pas?

— J'ai répondu, mon capitaine, que je n'avais pas songé à reprendre du service.

— Je m'en doutais.

Il fit une pause et reprit :

— Loin de moi, Consul, l'idée de peser sur une résolution qui serait arrêtée dans votre esprit. Devant une indécision, devant plutôt une résolution à prendre, à laquelle vous n'avez pas pensé, je n'hésite pas à vous parler, non plus en chef, mais... en homme plus âgé, qui a l'expérience qui vous manque et qui voit peut-être mieux vos dispositions naturelles que vous ne les connaissez vous-même.

» Quand nous aurons causé, quand vous aurez réfléchi, vous vous arrêterez au parti que vous aurez choisi; mais j'estime qu'il est de mon devoir d'avoir avec vous cette conversation.

» Je vous ai vu arriver jeune soldat au peloton d'instruction, et, pendant de nombreux mois, je vous ai suivi chaque jour dans les hésitations et les effarements du commencement de la vie militaire. Ces hésitations n'ont pas été pour vous de longue durée et ces effarements vous les avez vaincus avec courage. Caporal, vous êtes resté dans ma compagnie à ma demande instante. J'espérais beaucoup en vous comme sous-officier, sans pouvoir deviner si vous ne faibliriez pas bientôt. Combien commencent bien, qui finissent mal.

» Vous ne vous êtes pas démenti un instant dans votre conduite. Je ne vous ai jamais ménagé, et j'ai été heureux, vous suivant de l'œil, de vous trouver toujours semblable à vous-même.

» Si je vous flatte un peu, Consul, c'est que vous êtes jeune et que les petits défauts que vous possédez, que j'ai constatés et punis, je vous crois capable de les réprimer.

» Je suis convaincu que vous seriez, si vous le vouliez, sous-lieutenant avant deux années. Je crois que vous feriez un bon officier français. Si rien ne vous attire impérieusement vers une autre vocation, si des devoirs envers vos parents ne vous forcent pas à quitter l'uniforme, je vous demande simplement, Consul, de ne pas prendre de détermination à la légère. C'est moi qui ai eu l'occasion de dire au colonel ce que je pensais de vous. Faites-moi le plaisir de ne pas vous laisser aller à un entraînement de camarades disposés, pour beaucoup de raisons que vous devinez, à ne pas vous conseiller en conscience.

» Et maintenant, ne me répondez pas. Quand vous aurez réfléchi, comme la situation actuelle mérite que vous le fassiez, revenez me voir avant de porter réponse au colonel. Si vous avez des objections à soulever contre la vie que j'aimerais à vous voir embrasser, présentez-les-moi, nous les pèserons ensemble, et soyez sûr que je ne ferai sur vous que la pression à laquelle me porte l'intérêt très grand que je vous porte. »

J'avais écouté en silence. Tant de bonté dans la voix, tant de conviction dans l'expression de ses pensées, tant d'éloquence dans le discours de cet homme froid et concis me stupéfiaient. A mesure qu'il parlait, il me semblait entendre la voix d'un père affectionné et clairvoyant.

Je ne trouvais pas un mot pour répondre.

Alors M. de la Mardelle vint à moi. Je m'étais levé.

Il me frappa sur l'épaule, et, me reconduisant :

— A bientôt, mon ami. . . . .

. . . .

Je ne saurais exprimer mes sentiments actuels. J'ai fait dire que je n'irais pas dîner. Un besoin de solitude et surtout de mouvement se fait impérieusement sentir. Je vais sortir jusqu'à l'appel, et me promets de ne rien dire de tout cela à maman.

Saint-Cloud, 30 Septembre 1892.

Je n'ai pu fermer l'œil de la nuit. Tout ce qui s'est passé hier se représentait à mon esprit avec une intensité et une acuité douloureuses. Vous m'êtes témoin, mon Dieu, que la pensée de porter le sabre et de me vouer à ma patrie ne m'était pas venue, et maintenant, ballotté entre mes idées d'avenir et celles qu'ont fait germer en mon âme les paroles de M. de la Mardelle, je sens monter en moi une sorte d'hésitation que je ne comprends pas bien. N'est-ce pas la volonté divine qui s'est manifestée à moi subitement pendant l'entrevue d'hier au soir?

Pendant ces huit jours qui me sont donnés poar prendre une décision, je vais penser, je vais prier. La veille de ma réponse au colonel, j'irai trouver M. de la Mardelle. Je lui livrerai les raisons de la décision que j'aurai prise, ou les causes de mon hésitation, si j'hésite.

Jusque-là je n'écrirai plus mon journal, je ne ferai rien savoir à ma mère. C'est comme une retraite que je commence, et je n'enlèverai des heures qui me sont laissées pour me recueillir aucune des minutes que je dépense à fixer l'idée de l'instant présent.

8 Décembre 1892.

Dieu m'a inspiré : après Lui, c'est à la France que j'appartiens désormais. Je viens de signer mon rengagement.

Septembre 1893.

UN AN APRÈS

C'est fait.

Ce matin, le colonel m'a fait appeler pour m'annoncer ma réception à l'école de Saint-Maixent.

Il faut que je parte demain.

Et je me sens fort pour les durs labeurs, décidé à bien passer l'année de fortes épreuves, d'accablantes fatigues, qui m'est dévolue comme à mes camarades, pour être digne ensuite de commander à des hommes, et de les mener peut-être aux campagnes qui ne peuvent manquer de se produire.

C'est fait.

Je serai officier. Avant d'entrer à l'école, je me promets de ne jamais démériter ni de Dieu, ni de ma mère, ni des maîtres qui m'ont élevé, qui m'ont fait le très peu que je suis, ni de moi-même.

Voici la lettre que je reçois :

« Mon Enfant,

» J'irai t'embrasser demain avant ton départ.

» Il y a deux sacerdoces :

» Tu seras prêtre de la France ! sois un bon prêtre.

» Ta mère,

» C. Consul. »

FIN

— Lille. Typ. A. Taffin-Lefort. 5 —

www.ingramcontent.com/pod-product-compliance
Ingram Content Group UK Ltd.
Pitfield, Milton Keynes, MK11 3LW, UK
UKHW021152260726
13994UKWH00001B/403

9 782329 09241